Texto impreso del comentario virtual de labibliacontinentalad.com
Biblia RV1960

EPÍSTOLAS PASTORALES

Primera y Segunda Epístolas del Apóstol Pablo a Timoteo, Tito y Filemón

The Aguillon Family Foundation

Dr. Rev. Teófilo J. Aguillón

EPÍSTOLAS PASTORALES

Primera y Segunda Epístolas del Apóstol Pablo a Timoteo, Tito y Filemón

Texto impreso del comentario virtual de
labibliacontinentalad.com

The Aguillon Family Foundation 2024

PALABRA PURA
palabra-pura.com

Editores:
Rev. David L. Aguillón
Dr. Teófilo J. Aguillón

Escritores:
Eliud Asaf Montoya
Francisco J. Rosas Flores
Iván López Pérez
Ana Laura Uribe Sastré
Gerardo Hernández Nova
Araceli Martínez Zavaleta
Luis Fernando Caballero C.
Raquel Rivera Jiménez
Ernesto Balcázar Contreras
L. Cristina Jiménez Barcelis
Norahí Palomino Maldonado
Rosario Gómez Alvarez
Ma. Angeles Ariguznaga S.
Gustavo Martínez Santiago
Elizabeth Ramírez Rosales
David Medina Pérez

Diseño y mercadeo:
Joel Aguillón
Rubén D. Aguillón.
Eduardo Canché y Kelly G. Palomo

Diseño de portada y contenido:
Sweet Sardaneta

Editorial:
Palabra Pura, autores.palabra-pura.com

Epístolas Pastorales Primera y Segunda Epístolas del Apóstol Pablo a Timoteo, Tito y Filemón
Copyright © 2024 The Aguillon Family Foundation
Todos los derechos reservados.
Derechos internacionales reservados.
Impreso en Estados Unidos de América
Printed in the United States of America

El texto bíblico ha sido tomado de la Versión Reina Valera 1960, Sociedades Bíblicas en América Latina*renovado 1988 Sociedades Bíblicas Unidas. Utilizado con permiso.

A reserva de algunas citas breves en libros, artículos críticos literarias (mencionando la fuente), ninguna parte de este comentario puede ser reproducido en ninguna forma por medios mecánicos o electrónicos, incluyendo almacenaje de información, sistemas de reproducción sin permiso previo emitido por los poseedores de los derechos legales.

RELIGIÓN / Comentario bíblico / Nuevo Testamento / Cartas de Pablo

ISBN: 978-1-951372-51-4

CONTENIDO

PRESENTACIÓN	9

PRIMERA EPÍSTOLA DEL APÓSTOL PABLO A TIMOTEO

INTRODUCCIÓN	13
CAPÍTULO 1	17
Salutación, 1 Ti 1:1,2	17
Advertencia contra falsas doctrinas, 1 Ti 1:3-11	18
El ministerio de Pablo, 1 Ti 1:12-20	21
CAPÍTULO 2	27
Instrucciones sobre la oración, 1 Timoteo 2:1-8	27
Las mujeres en la iglesia, 2:9-15	31
CAPÍTULO 3	35
Requisitos de los obispos, 1 Ti 3:1-7	35
Requisitos de los diáconos, 1 Timoteo 3:8-13	39
El misterio de la piedad, 1 Timoteo 3:14-16	42
CAPÍTULO 4	45
Predicción de la apostasía, 1 Timoteo 4:1-5	45
Un buen ministro de Jesucristo, 1 Timoteo 4:6-16	48
CAPÍTULO 5	55
Deberes hacia los demás, 1 Ti 5:1-24	55
CAPÍTULO 6	65
Continuación… Deberes hacia los demás, 1 Ti 6:1-2	65
Piedad y contentamiento, 1 Ti 6:3-10	67
La buena batalla de la fe, 1 Ti 6:11-19	70
Encargo final de Pablo a Timoteo, 1 Ti 6:20-21	73

SEGUNDA EPÍSTOLA DEL APÓSTOL PABLO A TIMOTEO

INTRODUCCIÓN	77
CAPÍTULO 1	81
Salutación, 1:1, 2	81

Testificando de Cristo, 1:3-18	81
CAPÍTULO 2	**87**
Un buen soldado de Cristo Jesús, 1 Ti 2:1-13	87
Un obrero aprobado, 2 Ti 2:14-26	91
CAPÍTULO 3	**95**
Carácter de los hombres en los postreros días, 2 Ti 3:1-17	95
CAPÍTULO 4	**103**
Predica la Palabra, 2 Ti 4:1-8	103
Instrucciones personales, 2 Ti 4:9-18	108
Saludos y bendición final, 2 Ti 4:19-22	110

EPÍSTOLA DEL APÓSTOL PABLO A TITO

INTRODUCCIÓN	**115**
CAPÍTULO 1	**121**
Salutación, 1:1-4	121
Requisitos de ancianos/obispos/pastores, 1:5-16	123
CAPÍTULO 2	**129**
Enseñanza de la sana doctrina, Tito 2:1-15	129
CAPÍTULO 3	**137**
Justificados por gracia, Tito 3:1-7	137
Orientaciones precisas, 3:8-11	142
Instrucciones personales, 3:12-14	145
Salutación y bendición final, 3:15	146

EPÍSTOLA DEL APÓSTOL PABLO A FILEMÓN

INTRODUCCIÓN	**149**
CAPÍTULO 1	**153**
Salutación, 1:1-3	153
Acción de gracias por la vida de Filemón, 1: 4-7	154
El ruego de Pablo a Filemón por Onésimo, 1: 8-22	155
Bendiciones finales, 1:23-25	160
PREGUNTAS DE REAFIRMACIÓN	**161**

PRESENTACIÓN

El gran privilegio del comentario *labibliacontinentalad.com* es hacer más entendible a la generación actual el hermoso lenguaje de la Biblia Reina Valera 1960.

La familia Aguillón con suma satisfacción presenta ahora a la comunidad cristiana hispana, el tercer texto impreso de dicho comentario virtual, conteniendo las Epístolas Pastorales del apóstol Pablo, a saber: la Primera y la Segunda Epístolas a Timoteo, la Epístola a Tito y la Epístola a Filemón.

Un proyecto que comenzó con la aprobación de los directivos del Concilio Nacional de Las Asambleas de Dios en México, así como del Texas Gulf Hispanic District of The Assemblies of God, Inc. en los años 2016-2017, y el fuerte respaldo del ministerio en ambos países.

Para apoyar logística y financieramente el proyecto, se constituyó en el Estado de Texas The Aguillon Family Foundation, la cual incluye a todos los miembros de la familia Aguillón: el Dr. Teófilo J. y Olivia Aguillón, con sus hijos Joel, David, Rebeca y Rubén, cada uno dispuesto a aportar su dinero, su tiempo y sus talentos.

Para realizar el trabajo más importante, el Señor utilizó en nuestro apoyo a un distinguido grupo de ministros, quienes, cimentados en su experiencia pastoral, su erudición y su capacidad literaria, con mucha dedicación, comentaron los 27 libros del Nuevo Testamento con sus 260 capítulos y 7,957 versículos, desde el evangelio de Mateo hasta el libro de Apocalipsis, versículo a versículo. Esto lo lograron ya sea escribiendo comentarios de su propia autoría o realizando los mejores análisis a obras especializadas de reconocidos autores. Estos trabajaron escudriñando enciclopedias cristianas y seculares para fundamentar sus dichos, y analizaron textos controversiales tomando como base valiosos comentarios de las Biblias de estudio, especialmente la utilísima Biblia de Estudio Pentecostal, llamada ahora Biblia de Estudio de la Vida Plena.

Todo contextualizado dentro de nuestra cultura y con constantes aplicaciones en la vida de la iglesia actual.

Ellos son:

En la Primera Epístola a Timoteo: Pbros. Eliud A. Montoya, Francisco J. Rosas Flores, Iván López Pérez, Ana Laura Uribe Sastré, Gerardo Hernández Nova, Araceli Martínez Zavaleta, Luis Fernando Caballero C. y Raquel Rivera Jiménez.

En la Segunda Epístola a Timoteo: Pbros. Raquel Rivera Jiménez, Ernesto Balcázar Contreras, L. Cristina Jiménez Barcelis, Norahí Palomino Maldonado, Rosario Gómez Alvarez y Luis Fernando Caballero Castillo.

En la Epístola a Tito: Pbros. Ma. Angeles Ariguznaga Santos, Francisco Javier Rosas Flores, Gustavo Martínez Santiago y Elizabeth Ramírez Rosales.

En la Epístola a Filemón: Pbro. David Medina Pérez.

Nuevamente nuestro reconocimiento al experimentado director de la **Editorial Palabra Pura (www.palabra-pura.com),** Rev. Eliud A. Montoya por el final arreglo editorial de este texto, así como el debido registro de derechos en los Estados Unidos. Une este trabajo a la publicación previa de las Epístolas a los Efesios y a los Romanos, así como el importante texto histórico **El Río Teológico,** escrito por el Dr. Teófilo J. Aguillón.

> Profundamente agradecemos el apoyo económico de la pastora María de la Luz Reyes en la publicación de este Libro. A los esposos Otoniel y Daisy Segovia en la publicación de El Río Teológico. Y a los esposos David y Dora Alicia Ybarra en la publicación de la Epístola a los Efesios.

PRIMERA EPÍSTOLA DEL APÓSTOL PABLO A TIMOTEO

Escritores

Rev. Eliud Asaf Montoya
Pbro. Francisco Rosas Flores
Pbro. Iván López Pérez
Pbra. Ana Laura Uribe Sastré
Pbro. Gerardo Hernández Nova
Pbra. Araceli Martínez Zavaleta

Editores

Ing. Luis Fernando Caballero C.
Pbra. Raquel Rivera Jiménez
Rev. David L. Aguillón

Editor General

Dr. Teófilo J. Aguillón

Diseño y relaciones públicas

Joel Aguillón y Rubén D. Aguillón
Eduardo Canché V.
Kelly G. Palomino

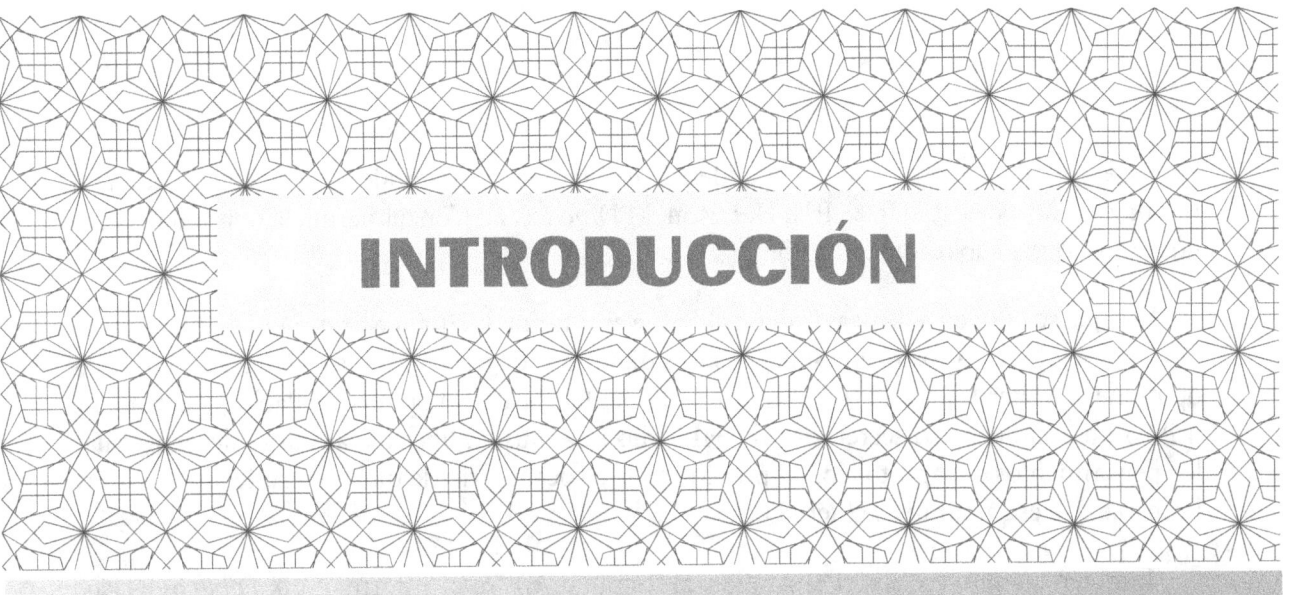

INTRODUCCIÓN

Timoteo aparece en la escena bíblica en el capítulo 16 del Libro de los Hechos, en donde el doctor Lucas le identifica como un discípulo, es decir un hombre convertido al evangelio, con clara disposición para estudiar y crecer en la Palabra del Señor. También dice que era de buen testimonio y que sus padres eran un matrimonio mixto, en este caso de padre griego y de madre judía (Hechos 16:1,2).

Desde el primer encuentro que Pablo tuvo con Timoteo, le vio un gran potencial, de manera que le tomó como un colaborador. La amistad que Pablo tuvo con Timoteo creció a tal punto, que fácilmente se puede decir que se convirtió en el colaborador más importante y de más confianza que tuvo Pablo en su vida ministerial, tanto que le llamó *amado hijo* (1 Co 4:17; Fil 2:24; 1 Ti 1:2; 2 Ti 1:2). De esta manera, la primera Epístola a Timoteo fue escrita en un estilo peculiar, es decir, para un hijo en la fe, un amigo íntimo y un colaborador de gran confianza, cuyo ministerio pastoral iba a servir de modelo para todas las generaciones, por las importantes indicaciones que el Apóstol le da. Es considerada, desde el siglo XVIII, una de las tres cartas pastorales del NT.

Reseña histórica-geográfica

Los datos que se observan en las epístolas paulinas y en el libro de los Hechos, llevan a pensar, históricamente hablando, que después de su encarcelamiento en Roma (*circa* 61-63 d.C.), Pablo fue puesto en libertad, y junto con Timoteo y Tito se trasladaron a la isla de Creta. Ahí, en Creta, se quedó Tito para *"corregir lo deficiente y establecer ancianos en cada ciudad"* (Tito 1:5); en tanto que Pablo y Timoteo se dirigieron a Macedonia vía Éfeso. (la iglesia que el Apóstol había fundado, y a cuyos ancianos había dejado precisas instrucciones sobre el ministerio, según se narra en Hechos 20. En Éfeso, se quedó Timoteo, y Pablo por su parte continuó su viaje para Macedonia, desde donde es probable que escribió y envió 1 Timoteo (*circa* 64 d.C.).

El autor

Pese a aquellos que se oponen a la idea de que las cartas pastorales (entre ellas 1 Timoteo) fueron escritas por Pablo (p.ej. P.N. Harrison, M Dibelius, H. Conzelmann), la opinión mayoritaria reconoce a Pablo como el autor.

Los que se oponen a la idea de que Pablo fue el autor de 1 Timoteo argumentan que el vocabulario y estilo del Apóstol en esta epístola es distinto al de otras epístolas. Haciendo eco a esas opiniones, Walter L. Liefeld (1 y 2 Timoteo y Tito por Ed. Vida p. 24) opina que Pablo posiblemente utilizó un amanuense o secretario, al cual le dio una inusual libertad, al punto de reformular los pensamientos del apóstol con el propio estilo y vocabulario de dicho escribiente. Y es muy probable que ese amanuense fuera Lucas.

También cuando escribió 1 Corintios, al terminar, en 16: 21 informa: *"Yo, Pablo os escribo esta salutación de mi propia mano"*. Y en Gálatas 6: 11 expresa: *"Mirad con cuán grandes letras os escribo de mi propia mano"* Dando a entender que alguien más le ayudó a escribir estas misivas, lo cual no tiene mayor trascendencia —dicen los entendidos— pues seguramente Pablo revisó su contenido.

Y en cuanto a las herejías que Pablo combate —tales como la licencia moral y el ascetismo— dicen los críticos, pertenecen al gnosticismo del siglo II; que el interés del escritor en la organización de la Iglesia es inusual en Pablo; que existe poca o nula correlación de lo que el Apóstol menciona en 1 Timoteo y el libro de los Hechos, y, que su teología en esta epístola no se encuentra en otras.

Esos argumentos fueron contrarrestados automáticamente por la iglesia primitiva, que conocía a Pablo, que aceptaba sus enseñanzas, la cuales directa o indirectamente defiende en las dos epístolas a Timoteo. Una mirada minuciosa tanto a las evidencias internas como externas son suficientes para dar respuesta a estas objeciones y concluir que Pablo fue el autor de 1 Timoteo. Otras críticas antiguas y modernas se han desmoronado y la gran mayoría acepta estas Epístolas brotadas, por inspiración del Espíritu Santo, de la pluma de Pablo.

Destinatario

Es claro que Pablo dirige esta carta a Timoteo, a quien le llama *hijo* (1:18), señal de una cercanía y confianza sobresalientes. Pablo estaba interesado en equipar a Timoteo con el conocimiento que le fuera necesario para su vida personal y para las circunstancias que atravesaba ministerialmente. Es evidente que las instrucciones que Pablo da en esta Carta tendrían un gran impacto en la iglesia y que él estaba interesado en que todos las supieran; no obstante, ésta, a diferencia de otras cartas de Pablo, no estaba dirigida a los ancianos (o líderes) de la iglesia, en este caso la iglesia de Éfeso, ni a la iglesia en general, sino específicamente a Timoteo, el pastor. Por lo que se puede afirmar algo muy importante: las instrucciones que tuvieran que ver con la iglesia, habrían de ser dadas por conducto del pastor Timoteo.

Motivaciones que guiaron a la Epístola

Pablo, después de haber quedado encarcelado en Roma, según se narra al final del Libro de los Hechos, fue puesto en libertad y pudo continuar su trabajo apostólico. Durante ese tiempo viajó con Timoteo, Tito, y otros colaboradores, fundando nuevas iglesias y supervisando a las ya existentes. Luego de observar ciertos problemas graves dejó a Timoteo en Éfeso, para que los resolviera con urgencia. Lo especificado en 1 Timoteo 1:3 *"Como te rogué que te quedases en Éfeso, cuando fui a Macedonia, para que mandases a algunos que no enseñen doctrina diferente"*, revela que había problemas con falsos maestros.

¿Quiénes eran estos falsos maestros? A diferencia de otras cartas, en donde los falsos maestros provenían del exterior, esta vez parece que estaban dentro de la iglesia misma. La referencia a la excomunión de Himeneo y Alejandro (1:18,19) sugiere que éstos falsos maestros podrían haber sido parte de la iglesia y aún, algunos de sus líderes. Quizá la profecía de Hechos 20:29-30 se estaba cumpliendo: *"Porque yo sé que después de mi partida entrarán en medio de vosotros lobos rapaces, que no perdonarán al rebaño. Y de vosotros mismos se levantarán hombres que hablen cosas perversas para arrastrar tras sí a los discípulos"*.

Un respaldo para esta idea puede ser que estos maestros aspiraban a ser doctores de la ley (1:7), añadían conceptos o quitaban principios al evangelio dejado por el Señor Jesucristo (6:3-5). Administrativamente, pudieran haber sido ancianos que no gobernaban bien (5:17). Por ello el Apóstol dicta una lista de las características que deberían de tener los obispos y los diáconos (todo el capítulo 3) y da instrucciones importantes respecto a los ancianos (5:17-25). También una fuerte predicción sobre la apostasía (4: 1-5) y a través de la carta, como ninguna otra del NT, diversas instrucciones sobre la relación del pastor con los grupos asistentes a la iglesia, según la edad y el sexo.

Debe decirse, que la mayoría de estas importantes instrucciones en las epístolas pastorales, tienen vigencia actual en la organización de las iglesias locales. Es decir, han resultado en un Manual de Eclesiología Práctica.

Asimismo, Pablo da consejos prácticos de mentoría y discipulado a Timoteo, a quien dice que no permita que le menosprecien por ser joven (1 Ti 4:12). Algunos han exagerado en este punto sugiriendo que Timoteo era un hombre muy joven, pero un examen minucioso sugiere que Timoteo estaba muy cerca de los treinta y cinco años, por lo que contaba con suficiente edad para afrontar desafíos importantes, como los graves y delicados problemas de la iglesia de Éfeso.

En diferentes lugares, Pablo se había enfrentado a los judaizantes —quienes insistían en observar las prácticas de la ley como requisitos para la salvación— y a los helenistas, quienes sembraban la idea de sincretizar el cristianismo con las ideas que predominaban en ese entonces. (Sincretismo: sistema filosófico o religioso que pretende conciliar varias doctrinas diferentes). Los pasajes de 1 Timoteo 1:7,8 y de la mención de "la falsamente llamada ciencia" en el 6:20, sugiere una combinación infiltrada de ambas posturas equivocadas, a través de judíos helenistas (formados en la cultura griega, llamada también helenista). Lo cual amenazaba destruir el trabajo de tres años (Hechos 20:31) y de evitar sentar las bases para tantas iglesias de esos días, como las que surgirían en el futuro.

Conclusión

1 Timoteo ofrece no sólo enseñanzas mediante su contenido, sino también mediante las circunstancias en que fue escrito. Entre otros puntos, deja claro que, aunque el apóstol Pablo trabajó duramente en la fundación de esas iglesias, necesitaba ser reforzada permanentemente con la sana doctrina y que, aunque Pablo les había enseñado "todo el consejo de Dios" (Hechos 20:27), necesitaba el establecimiento de líderes con características de idoneidad de carácter. También necesitaba regulaciones, un adiestramiento para los líderes (discipulado, se diría hoy) y un manual eclesiástico. Enseña también que aquellos que el Espíritu Santo había puesto por obispos (Hecho 20:28), eran hombres salvos y llenos del Espíritu Santo, pero luego, algunos de entre ellos, se apartaron de la fe para seguir a doctrinas falsas (1 Timoteo 1:3), lo cual puede ocurrir también en nuestros días.

"Esto te escribo, aunque tengo la esperanza de ir pronto a verte, para que si tardo, sepas cómo debes conducirte en la casa de Dios, que es la iglesia del Dios viviente, columna y baluarte de la verdad" 1 Ti 3:14,15

Breve bosquejo

A. Introducción (1:1-20)

B. Un organigrama sobre la estructura de la iglesia (2:1-4:5)
   1. La importancia de la oración (2:1-8)
   2. La debida conducta de las mujeres (2:9-15)
   3. Requisitos de los obispos/ancianos/pastores (3:1-7)
   4. Requisitos de los diáconos y diaconisas (3:8-12)
   5. Razones para los requisitos a los dirigentes (3:13-4:5)

C. Instrucciones para Timoteo como pastor (4:6-6:19)
   1. Su vida personal y devocional (4:7-19)
   2. Su relación con los miembros de la iglesia (5:1-6:19)
      a. Los ancianos y los jóvenes (5:1)
      b. Las ancianas y las jóvenes (5:2)
      c. Las viudas (5:3-16)
      d. Predicadores y maestros (5:17-25)
      e. Los esclavos (6:1,2)
      f. Los falsos maestros (6:3-10)
      g. Nuevas instrucciones a Timoteo (6:11-16)
      h. Los ricos (6:17-19)

D. Conclusión (6:20,21)

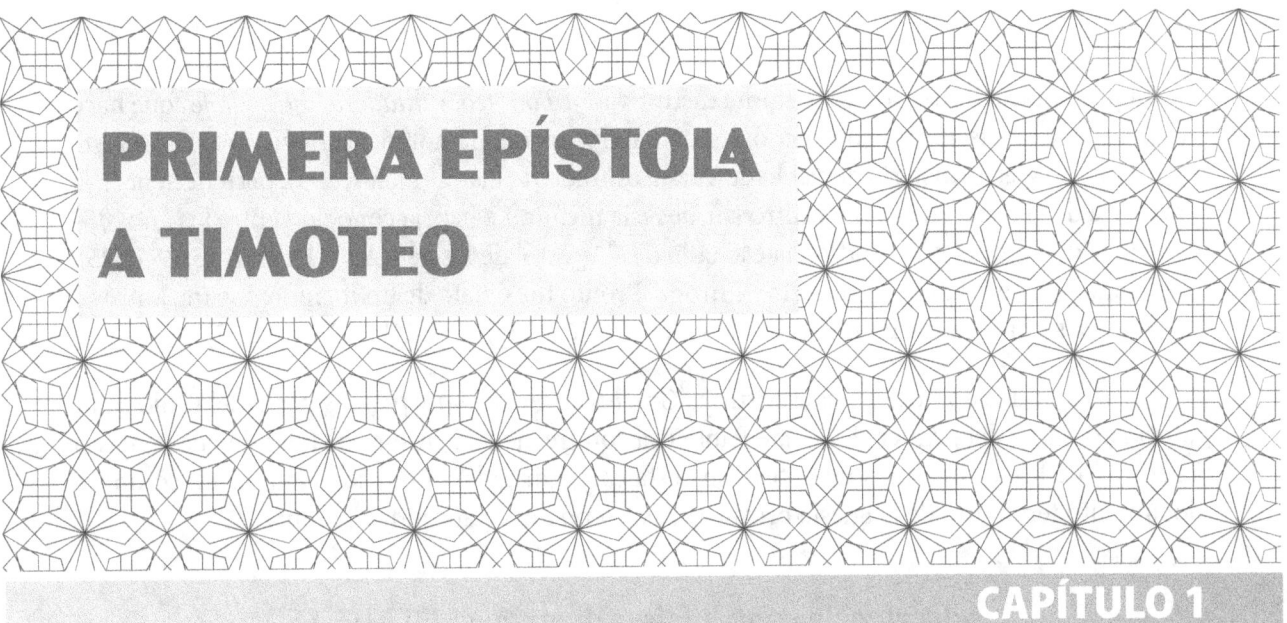

PRIMERA EPÍSTOLA A TIMOTEO

CAPÍTULO 1

Salutación, 1 Ti 1:1,2

1:1 *"Pablo, apóstol de Jesucristo por mandato de Dios nuestro Salvador, y del Señor Jesucristo nuestra esperanza,"*

El saludo abre, presentando la paternidad literaria de la carta: *"Pablo, apóstol de Jesucristo"*, utilizando el título o credencial apostólica que posee; de hecho, el saludo típico epistolar con la que suele membretar el predicador de los gentiles sus escritos. Lleva a la presunción de pensar que era también una carta-circular, como las otras que iban dirigidas a las iglesias. Primeramente, se leían en lo personal, y después en el culto público de las congregaciones.

El escritor justifica la credencial que ostenta, *"por mandato de Dios nuestro Salvador, y del Señor Jesucristo nuestra esperanza"* esto pareciera una redundancia en el pensamiento de un judío ortodoxo, que traslada su pensamiento al Antiguo Testamento vislumbrando a Yavéh (YHWH) como la fuente de la salvación (Dt 32:15; Salmos 24:5; 25:5; 27:9; 42:5), uniéndolo al Señor Jesucristo como un salvador también. Resaltando esta declaración el pedestal en que se encuentra ahora el fariseo redimido.

 PARA MEDITAR

> Es importante entender el papel que tiene la autoridad. El que otorga autoridad a alguien para una comisión terrenal, primero debió de ser enviado por alguien superior. Esto vendría a ser el pilar de la autoridad pastoral, entendiendo que el derecho de otorgar autoridad va respaldado con una comunión y relación íntima, con la Autoridad mayor.

1:2 *"a Timoteo, verdadero hijo en la fe: Gracia, misericordia y paz, de Dios nuestro Padre y de Cristo Jesús nuestro Señor."*

La presentación que hace es bastante distintiva: *"a Timoteo, verdadero hijo en la fe"* que hace pensar en otros discípulos con menos cercanía al Apóstol. Timoteo se convirtió en un fuerte colaborador en el ministerio de Pablo de Tarso; oriundo de Listra (Hch 16:1-3), perteneciente a la provincia de Galacia en la zona centro sur de Asia menor. Le habría conocido entre los años 45-48 d. C. y que pronto emprendió viaje al lado del "Apóstol de los gentiles" (Hechos 13:49-14:25), predicando entre los pueblos de Asia y Europa. Pronto fue objeto de un mentoreo y una amistad especial de su padre espiritual (Ro 16:21; 1 Co 4:17; 16:10; Fil 2:22; 1 Ti 1:2 y 2 Ti 1:2).

La trifecta que aparece en la escritura: *"Gracia, misericordia y paz"* es parte del estilo salutatorio cristiano del primer siglo, que Pablo usa con frecuencia en sus epístolas, lo cual vendría a ser uno de los argumentos que posiciona esta carta dirigida a un discípulo selecto, como un documento temprano de la iglesia primitiva, así como de la paternidad paulina.

Advertencia contra falsas doctrinas, 1 Ti 1:3-11

1:3,4 *"Como te rogué que te quedases en Éfeso, cuando fui a Macedonia, para que mandases a algunos que no enseñen diferente doctrina, ni presten atención a fábulas y genealogías interminables, que acarrean disputas más bien que edificación de Dios que es por fe, así te encargo ahora."*

El Apóstol presenta la idea de un llamamiento, externando que el motivo no solo es para colaborar, sino para corregir las malas enseñanzas. Esta comisión: **"para que mandases a algunos que no enseñen diferente doctrina"** representa un documento eclesiástico, no tanto personal.

Siete años antes de que Pablo escribiera esta carta, les advirtió a los ancianos de Éfeso que falsos maestros tratarían de tergiversar el verdadero mensaje de Cristo (Hch 20:29). Ahora que Timoteo enfrentaba la realidad de la advertencia, el Apóstol lo exhorta a que los confronte con valor, *"militando"* con entereza *"la buena milicia"* (1:18), contrarrestando las falsas enseñanzas que comenzaban a corromper el evangelio, resaltando la fe original como la enseñaron Jesús y los apóstoles (2 Ti 1:13,14)

Retomando el argumento que da comienzo a la carta, la encomienda es para detener a algunos "ancianos", que gozaban de cierto prestigio, tal vez como fundadores de la iglesia, o incluso judíos convertidos conocedores de la Ley, que podían "judaizar" o enseñar de sus propias tradiciones, *fábulas y genealogías interminables*. Los judíos utilizaban las genealogías para ubicar su lugar dentro de las 12 tribus y posiblemente rivalizaban unos con otros, según la importancia de las tribus.

> El Nuevo Testamento le da lugar a las genealogías de Mateo 1:1-17 y a la de Lucas 3:23-38, porque acreditan la descendencia real del Señor Jesús. A ninguna más.

En Éfeso, y en todas las iglesias ya surgidas para este tiempo, necesitaban entender la perfecta dimensión de la revelación divina.

Se debe ser consciente, además, que las epístolas del apóstol Pablo fueron escritas no solo para tratar asuntos personales o de una sola congregación, sino diseñadas por el Espíritu Santo para incluir a todos los hombres, y a todas las iglesias, de todos los tiempos. En este caso, estos hombres eran de la misma iglesia, como ocurrió en las iglesias de Galacia[1] y la iglesia de Corinto[2]; señalando indirectamente lo que pasaba en otras congregaciones y lo que seguramente pasaría a través de las edades.

"que no enseñen diferente doctrina". El término *"doctrina"*, tiene diversos niveles de significado según su contexto. Puede referirse a un aspecto de las creencias generales de la iglesia, como cuando se mencionan "la doctrina de la salvación" y "la doctrina del Espíritu Santo", por ejemplo. O en un sentido más amplio se puede decir "la doctrina de Las Asambleas de Dios" o "la doctrina pentecostal" que ciertamente son más amplias, porque se elaboraron por grupos de teólogos considerando toda la revelación de las Sagradas Escrituras.

Es de pensar que Pablo se refería a las doctrinas básicas, que tenían que ver con la salvación, la llenura del Espíritu Santo y la venida de Cristo, que a fin de cuentas eran de las más importantes.

1:5-7 ***"Pues el propósito de este mandamiento es el amor nacido de corazón limpio, y de buena conciencia, y de fe no fingida, ⁶de las cuales cosas desviándose algunos, se apartaron a vana palabrería, ⁷queriendo ser doctores de la ley, sin entender ni lo que hablan ni lo que afirman."***

"El mandato" del Apóstol a los gentiles es producto de *"el amor nacido de corazón limpio"*; una sinfonía, eco de las enseñanzas del Señor Jesús, parafraseadas por el escritor en cada documento. El amor es la substancia que guía la vida, puesto que en el amor es donde se cumple la ley.

"Corazón limpio, y de buena conciencia, y de fe no fingida". Este listado, es más una cadena consecutiva ascendente, al citar primeramente el corazón, hace entender la idea del comienzo regenerativo interior, esta progresión era típica de la cultura helénica en la que se movían los judíos fuera de Israel, y en este caso reforzaba la concepción judía que consideraba al individuo como una unidad, un gran todo. Una vez que el interior comienza a ser purificado, la mente del hombre es saturada de una sana conciencia, que le permite tomar las mejores y más puras decisiones. Al poseer un interior purificado, que le permite tomar las decisiones saludables, el individuo está listo para desarrollar una fe permanente, *"no fingida"*.

---

[1] "y esto a pesar de los falsos hermanos introducidos a escondidas, que entraban para espiar nuestra libertad que tenemos en Cristo Jesús, para reducirnos a esclavitud" *Gálatas 2:4*.

[2] "Porque si viene alguno predicando a otro Jesús que el que os hemos predicado, o si recibís otro espíritu que el que habéis recibido, u otro evangelio que el que habéis aceptado, bien lo toleráis" *2 Corintios 11:4;* "Mas lo que hago, lo haré aún, para quitar la ocasión a aquellos que la desean, a fin de que en aquello en que se glorían, sean hallados semejantes a nosotros. Porque éstos son falsos apóstoles, obreros fraudulentos, que se disfrazan como apóstoles de Cristo. Y no es maravilla, porque el mismo Satanás se disfraza como ángel de luz. Así que, no es extraño si también sus ministros se disfrazan como ministros de justicia; cuyo fin será conforme a sus obras." *2 Corintios 11:12-15*.

"De las cuales cosas desviándose algunos, se apartaron a vana palabrería". (*"debates sin sentido"*, dice la Nueva Traducción Viviente, NTV). Esta cláusula alude a individuos que cambiaron el rumbo de vida, erraron la mira hacia el verdadero destino, por sus razonamientos cerrados, navegando en disputas sin sentido, apartándose del estilo de vida correcto del creyente.

"Queriendo ser doctores de la ley, sin entender ni lo que hablan ni lo que afirman". (*"quieren ser reconocidos como maestros de la ley de Moisés"* dice la NTV).Esta frase es una sátira paulina, aludiendo a las actitudes de algunos en la iglesia, que querían mostrar una erudición que no tenían, afectando la vida de los creyentes sencillos que seguían en forma regular la revelación bíblica, enseñada por los maestros correctos.

 PARA MEDITAR

> Tristemente esta situación percibida por Pablo en la iglesia de Éfeso no fue privativa solamente de aquella noble congregación, sino que aparece con frecuencia en todas las iglesias. Surgen creyentes, que por su formación académica tienden a interpretar ciertos textos, siguiendo los pensamientos erróneos de este siglo, olvidando los principios hermenéuticos de que "la biblia es su propio intérprete" y que "la Escritura debe ser explicada por la Escritura". En otras palabras, cuando se usan palabras o versículos, sacados de un contexto general, no permitiendo a la Escritura explicarse a sí misma, se puede encontrar apoyo para cualquier desviación. Así lo han encontrado, entre otros: los comunistas, los militaristas, los espiritistas, los papistas, los incrédulos burladores, los ruselistas/Testigos, los mormones, etc. etc.

1:8-11 *"Pero sabemos que la ley es buena, si uno la usa legítimamente; ⁹conociendo esto, que la ley no fue dada para el justo, sino para los transgresores y desobedientes, para los impíos y pecadores, para los irreverentes y profanos, para los parricidas y matricidas, para los homicidas, ¹⁰para los fornicarios, para los sodomitas, para los secuestradores, para los mentirosos y perjuros, y para cuanto se oponga a la sana doctrina, ¹¹según el glorioso evangelio del Dios bendito, que a mí me ha sido encomendado."*

"Pero sabemos que la ley es buena"

El propósito del Señor Jesús es que se cumpla principalmente el requisito espiritual de la ley de Dios, en la vida de sus seguidores (Ro 3:31; 8:4). La ley que el creyente está obligado a guardar consta de los principios éticos o morales del Antiguo Testamento (Éxodo 20:1-17; Dt 5:7-21; Mt 7:12; 22:36-40; Ro 3:31; 8:4), como también las enseñanzas de Cristo y de los apóstoles (Mt 28:20; 1 Co 7:19; 9:21; Gá 6:2). Esas leyes revelan la naturaleza y la voluntad de Dios para todas las personas y todavía se aplican. Las leyes del AT que se aplicaban directamente a la nación de Israel, tales como las de los sacrificios, las ceremoniales, las sociales o las civiles, ya no son obligatorias (Heb 10:1-4) (Biblia Vida Plena Pg. 1283).

La lista de faltas castigables, que hace Pablo, están violando las leyes del AT las enseñanzas de Cristo y de los apóstoles, así como las leyes civiles, y son castigadas según las leyes de cada nación. Romanos 13: 1-6

"la ley no fue dada para el justo, sino para los transgresores y desobedientes, para los impíos y pecadores, para los irreverentes y profanos, para los parricidas y matricidas, para los homicidas, para los fornicarios, para los sodomitas, para los secuestradores, para los mentirosos y perjuros, y para cuanto se oponga a la sana doctrina".

Puede observarse que, en esa lista algunas faltas son castigadas por las leyes penales del país y otras por las leyes eclesiásticas de la iglesia.

Los individuos irreverentes son aquellos que no respetan la ley y los ritos que fueron dictados por los judíos, y el término profanos, se aplica a los individuos que participan en los ritos litúrgicos, buscando beneficio de ello (Dentro de la liturgia del siglo primero, los sacerdotes robaban a los devotos judíos, tomando las ofrendas y llevándola a los vendedores afuera del templo, haciendo de esto un círculo completo. Adolfo Roitman, "Rituales judíos del primero Siglo").

Como si el listado no fuese suficiente Pablo coloca a estos hombres a la par de los asesinos de sus padres y asesinos de sus madres, así como criminales, sodomitas (homosexuales), hombres que participan en ritos sexuales, los que proveían de esclavos, además de los que tuercen las verdades, o las cambian a voluntad para favorecer a terceros (perjuros).

"y para cuanto se oponga a la sana doctrina, según el glorioso evangelio del Dios bendito, que a mí me ha sido encomendado.".

El Apóstol dejó abierta la puerta para que se señale enérgicamente *"todo lo que se oponga a la sana doctrina"*, tanto como pudo haber ocurrido en su tiempo y como repetitivamente ha sucedido a través de los siglos. Esta expresión es semejante a la que hizo al final de la horrible lista de *"obras de la carne"* en Gálatas 5:19-22, cuando expresó *"y cosas semejantes a éstas"*

El ministerio de Pablo, 1 Ti 1:12 20

1:12, 13 *"Doy gracias al que me fortaleció, a Cristo Jesús nuestro Señor, porque me tuvo por fiel, poniéndome en el ministerio, habiendo yo sido antes blasfemo, perseguidor e injuriador; mas fui recibido a misericordia porque lo hice por ignorancia, en incredulidad."*

La tercera porción de este capítulo presenta una defensa de su ministerio. Siendo ésta una de las cartas donde toma mayor tiempo para justificarlo y avalarlo delante de los creyentes de Éfeso, y desde luego de las demás iglesias, pues es también una circular, que podía leerse ante todos.

Abre con gratitud, ofreciendo el matiz de la fortaleza divina que se le ha concedido para un desempeño pleno, a pesar de su situación física, económica y familiar. Es Cristo Jesús el origen de la fuerza en la vida de Pablo, los apóstoles, y el grupo de Obreros que ya habían surgido.

El concepto de blasfemo, perseguidor e injuriador, lo auto posiciona en el listado que previamente presentó. Justifica su mal proceder por ignorancia e incredulidad. Todo ese pasado terminó, cuando los conocimientos teológicos que acumuló como rabino, fueron reenfocados en respuesta ante la aparición de la divina gloria.

1:14 *"Pero la gracia de nuestro Señor fue más abundante con la fe y el amor que es en Cristo Jesús."*

Es doctrinal el término que acuñó Pablo para hablar de su llamamiento, a saber, la gracia. La presenta como un regalo inmerecido a quien iba a ser el abnegado Apóstol de los gentiles. El regalo es magnánimo, abundante, pues es otorgado a través de la fe y amor en Jesús. Algo que todos los creyentes, no importando la relevancia personal, podemos disfrutar.

1:15 *"Palabra fiel y digna de ser recibida por todos: que Cristo Jesús vino al mundo para salvar a los pecadores, de los cuales yo soy el primero."*

Palabra fiel y digna de ser recibida por todos. Es una fórmula que introduce una verdad axiomática y aparece solo en las epístolas pastorales (3:1; 4:9; 2 Ti 2:11; Tito 3:8) {Biblia de Estudio Ryrie, pág.1225}. Es un pensamiento admirable, corazón del evangelio, que es comparable con la composición doctrinal de Juan 3:16; manifestando la naturaleza primordial de la venida de Jesús al mundo: ¡Salvar a los pecadores!

Esta cláusula maravillosa presenta un juicio que procede de la reflexión teológica. Solía pasar de boca en boca, se repetía en la comunidad de la iglesia apostólica, siendo el epigrama fundamental. Siendo este epigrama el primero de los dichos fieles de Pablo: *"yo soy el primero."*. Una parte de esta cláusula hace recordar el lenguaje juanino, debido a la expresión *"vino al mundo"*. Admirable que, hasta el final de sus días, Pablo se consideraba el primero de los pecadores.

1:16 *"Pero por esto fui recibido a misericordia, para que Jesucristo mostrase en mí el primero toda su clemencia, para ejemplo de los que habrían de creer en Él para vida eterna."*

El primero.. (la Biblia NTV, traduce: *el peor*). Pablo es un ejemplo de la obra que el Señor Jesucristo realiza en la vida de hombres recios y reacios, que pareciera que nunca se rendirían al Señor. El futuro apóstol tuvo su encuentro con Jesús "camino a Damasco" y fue ***recibido a misericordia***. A través de las edades, miles han experimentado "su camino a Damasco" y se han convertido en apóstoles, profetas, evangelistas, pastores y maestros, llenando las arcas del cielo con almas salvadas. Y siguen siendo un ***"ejemplo de los que habrían de creer en Él para vida eterna."***

1:17 *"Por tanto, al Rey de los siglos, inmortal, invisible, al único y sabio Dios, sea honor y gloria por los siglos de los siglos. Amén."*

Ésta es una más de las hermosas doxologías en que el Apóstol prorrumpe exaltando las bondades divinas. (Otras, en Rom 11:36; 16:25-27; Gá 1:5; Ef 3:20,21,1 6:15,16).

> "Una doxología es una declaración con contenido de credo, a veces en forma de himno, que celebra los loables atributos de Dios. El término griego para gloria es *doxa*, de donde viene "doxología". La reputación de Dios es su gloria. Mediante la alabanza no añadimos a lo que Dios es, sino que le "glorificamos; es decir, incrementamos su reputación" (Comentario en la Biblia NTV pg. 81).

Estos bíblicos adjetivos, pueden ser analizados teológicamente.

"Rey de los siglos" es una alusión directa al Todo Poderoso, que ha estado presente en cada época, desde el comienzo del tiempo, y permanecerá presente por todas las edades.

"Inmortal", los judíos y demás incrédulos tenían que entender, y aceptar como los creyentes, que Jesús era inmortal, preexistente. Con una confianza declarada constantemente: si nuestro amado Jesús es inmortal, a nosotros nos espera el mismo destino.

"Invisible", A diferencia de los dioses griegos y latinos, que, según sus seguidores, se manifestaban visiblemente y aún les habían hecho santuarios, de los cuales Pablo dio testimonio cuando visitó Atenas (Hechos 17:23). El Señor Jesús cuando ascendió a los cielos y se sentó a la diestra del Padre, asumió todos sus atributos, con la trascendental característica de que se le puede sentir en cualquier lugar por quienes lo aman.

"Único", este atributo se une al anterior, puesto que el término invisible les permitía considerar la existencia de dioses, por ello Pablo hace énfasis en la unicidad divina que refuerza lo enseñado: "Jesús el Hijo Dios".

"Sabio", presenta el atributo que dignifica la autonomía que tiene Dios para actuar en la vida de los hombres y elegir sus representantes ministradores, ya sean líderes, ancianos, predicadores, evangelistas o maestros. Solamente, Él puede determinar correctamente quién ejercerá alguna función dentro de su Obra.

1:18-20 *"Este mandamiento, hijo Timoteo, te encargo, para que conforme a las profecías que se hicieron antes en cuanto a ti, milites por ellas la buena milicia, manteniendo la fe y buena conciencia, desechando la cual naufragaron en cuanto a la fe algunos, de los cuales son Himeneo y Alejandro, a quienes entregué a Satanás para que aprendan a no blasfemar."*

"Conforme a las profecías que se hicieron antes en cuanto a ti". No fue solo en una ocasión, sino que en repetidas ocasiones y por diferentes siervos, el Espíritu Santo ratificó el distinguido ministerio que había deparado para Timoteo.

"milites por ellas la buena milicia, manteniendo la fe y buena conciencia", como pastor de la iglesia, Timoteo debía mantener en alto la verdadera fe apostólica contra las falsas doctrinas que se iban introduciendo en la iglesia. Escribiendo a los corintios, Pablo desafía: *"pues aunque andamos en la carne, no militamos según la carne; porque **las armas de nuestra milicia** no son carnales, sino poderosas en Dios para la destrucción de fortalezas"* (2 Co 10:3,4) y también le recuerda a Timoteo en su segunda carta: *"**ninguno que milita** se enreda en los negocios de la vida, a fin de agradar a aquel que lo tomó por soldado"* (2 Ti 2:4)

 PARA MEDITAR

Es triste, pero hay que decirlo, en muy poco tiempo se pueden olvidar doctrinas y dejar de practicar principios y vivir conductas. El pueblo de Israel es un ejemplo de esa nociva realidad. Apenas transcurrían unos años y dejaban de guardar la ley de Dios y se iban tras "dioses ajenos" (2 R 17: 7-23 y muchos otros pasajes). Hoy se van tras "dioses ajenos", los creyentes que por incredulidad dejan de tomar en serio las verdades bíblicas y sus promesas; y les resultan más atractivas las realidades del mundo que las realidades del reino celestial, volviéndose más tolerantes hacia las diversas formas de pecado.

"naufragaron en cuanto a la fe algunos...Himeneo y Alejandro". La enseñanza falsa de Himeneo se describe en 2 Timoteo 2:17,18 en donde se dice que *"su palabra carcomerá como gangrena"* (se agrega a Fileto, otro "náufrago") *"diciendo que la resurrección ya se efectuó y trastornan la fe de algunos"*. Posiblemente agregando que la resurrección tenía tan solo un sentido alegórico o espiritual. (la enseñanza gnóstica concebía la resurrección alegóricamente, como referida a una iniciación en la verdad o iluminación que tiene lugar en el bautismo).{B.de estudio Ryre Pg.1232}. Pablo advierte varias veces a Timoteo de la terrible posibilidad de la apostasía, la cual amplía con muchos detalles en el capítulo 4:1-5 y comentarios semejantes en 5:11-15 y 6:9,10

Alejandro, es mencionado nuevamente sin ninguna corrección, por Pablo, en 2 T 4:14

 TEXTO CONTROVERSIAL:

"a quienes entregué a Satanás para que aprendan a no blasfemar." Esta declaración y la de 1 Corintios 5:5 se han prestado a muchas interpretaciones y aplicaciones, cuando se juzga a individuos que hacen daño en la iglesia local, o en la iglesia en general enseñando doctrinas herejes, que apartan a muchos de la verdadera fe.

Es probable que la acción de Pablo implique que se excomulgó a esos dos hombres de la iglesia. La salvación y la unión con el cuerpo de Cristo (la iglesia) protegen al creyente del poder de Satanás. En cambio, el ser expulsado pone la vida en peligro del ataque destructivo del malvado (Job 2:6,7; 1 Co 5:5; Ap 2:22). La disciplina eclesial sirve para llevar a la persona al arrepentimiento, a la fe verdadera y a la reconciliación con Cristo. (B.de Estudio Vida Plena Pg.1738).

El propósito de la expulsión no era el de destruir al individuo, sino salvarlo. Pablo desea que el hombre sienta tanta angustia que se arrepienta y abandone su camino malvado. 1 Corintios 5:5 menciona que el hombre *"sea entregado a Satanás para destrucción de la carne"*. Eso puede indicar que Dios le permite al enemigo afligir al hombre en su cuerpo, con la esperanza de que tal aflicción lo lleve al arrepentimiento. (Biblia de estudio NVI Pg.1826).

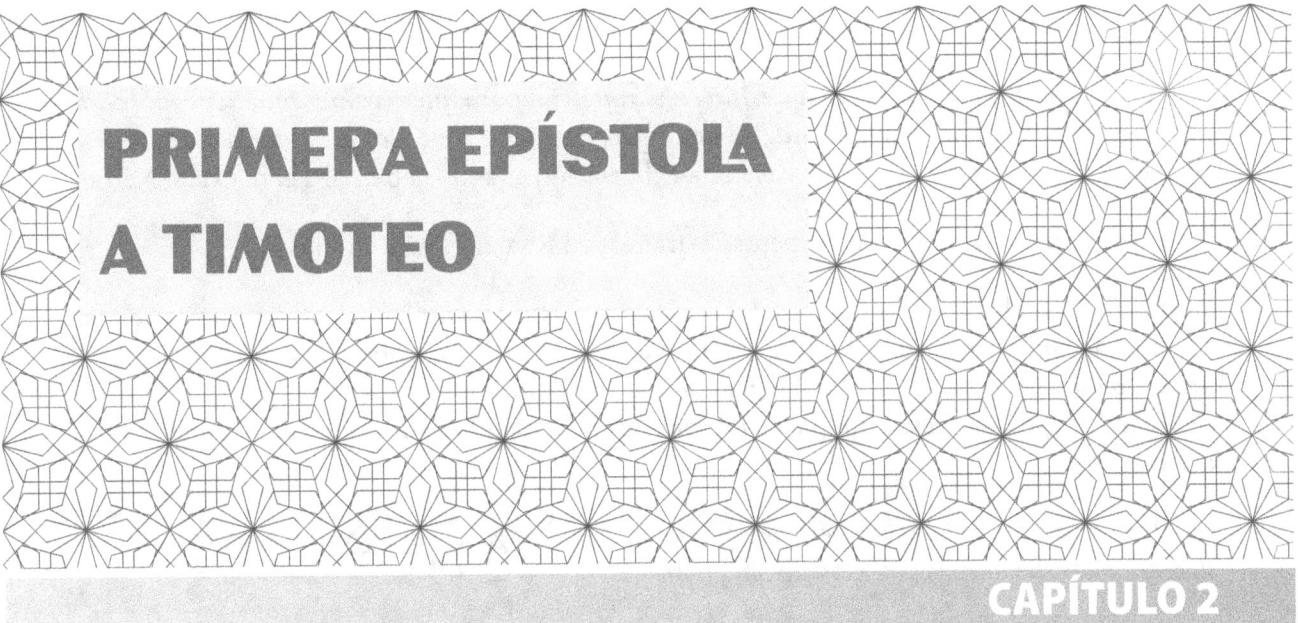

PRIMERA EPÍSTOLA A TIMOTEO

CAPÍTULO 2

Instrucciones sobre la oración, 1 Timoteo 2:1-8

2:1,2 *"Exhorto ante todo, a que se hagan rogativas, oraciones, peticiones y acciones de gracias, por todos los hombres; ²por los reyes y por todos los que están en eminencia, para que vivamos quieta y reposadamente en toda piedad y honestidad."*

El segundo capítulo comienza con un mandato: *"Exhorto ante todo"*, (*"así que recomiendo"*, Biblia NTV) presentando la idea de que Timoteo sea diferente a los demás maestros de la época, tanto judíos, como cristianos, que iban surgiendo y que mostraban influencia de la cultura griega.

Pablo presenta un listado, que ha sido una guía para todos los creyentes, de cómo y por quién se debe orar:

- rogativas, suplicaciones o súplicas. Efesios 6:18, 19, es la terminación a la lista de "partes o elementos de la armadura cristiana" que Pablo elaboró, expresando: *"orando en todo tiempo con toda oración y súplica en el Espíritu, y velando en ello con toda perseverancia y súplica por todos los santos y por mí"*.
- oraciones, en 5:5, Pablo da el ejemplo de las viudas que son diligentes y esperan en Dios *"en súplicas y oraciones noche y día"*.
- peticiones, el pueblo de Dios eleva peticiones por diversas necesidades, ya sean familiares, económicas, de salvación, de trabajo, descansando en la oportuna respuesta del Señor.
- acciones de gracias, además de dar gracias por todos los hombres, en Efesios 5:20, Pablo hace esta gran declaración: "dando siempre gracias por todo *al Dios y Padre, en el nombre de nuestro Señor Jesucristo*. Es una actitud positiva que se debe cultivar.

"por los reyes y por todos los que están en eminencia, para que vivamos quieta y reposadamente en toda piedad y honestidad." *"Por los gobernantes y por todas las autoridades"*, dice la Biblia NTV. Recuérdese que Pablo hace esta exhortación cuando gobernaba el malvado Nerón.

Esta importante petición tiene pasajes paralelos en Romanos 13 y en Tito 3:1.

En Ro 13:1-5 habla de someterse a **los que están en eminencia:** *"Sométase toda persona a las autoridades superiores; porque no hay autoridad sino de parte de Dios, y las que hay, por Dios han sido establecidas…porque los magistrados no están para infundir temor… porque son servidores de Dios para tu bien… porque no en vano llevan la espada…por lo cual es necesario estarle sujetos…".*

Pablo le indica a Tito: *"Recuérdales que se sujeten a los gobernantes y autoridades, que obedezcan, que estén dispuestos a toda buena obra"* (3:1).

 PARA MEDITAR

> Al exhortar Pablo a que se hagan oraciones por las autoridades, le guía una importante idea: ¡Qué se ore para tener buenas autoridades!, es decir que el pueblo de Dios participe activamente usando sus armas espirituales y por qué no, cívicas también. Las situaciones son distintas en cada país y en cada región desde luego, pero, además de votar, se deben formar fuertes grupos intercesores antes de las elecciones y cuando ya se tienen a las autoridades electas, se debe buscar la manera de hacer presencia y orar personalmente por ellos. De esta manera el gobernante sabe que el pueblo cristiano está vigilando sus acciones. (esperamos que esto no se considere una utopía, sino toda una posibilidad).

2:3,4 *"Porque esto es bueno y agradable delante de Dios nuestro Salvador, ⁴el cual quiere que todos los hombres sean salvos y vengan al conocimiento de la verdad."*

Estos versículos son la conclusión de los anteriores (1,2). El tema de vivir en integridad y practicando la piedad es agradable a Dios y trae su bendición. La práctica moral conlleva una gran responsabilidad cristiana, pues se espera que cada una de las acciones tenga el justo análisis, aún ante la ley civil. La vida en integridad es lo que Dios desea.

Esta vida íntegra comienza con la salvación, la cual Dios desea para toda la humanidad, al **"venir al conocimiento de la verdad".** Cuando el individuo experimenta un "encuentro con Jesucristo" la verdad le es revelada. Ejemplos de ello son: La mujer samaritana (Jn 4:5-42); Nicodemo (Jn 3:1-15) y Pablo (Hch 9:1-19), por mencionar algunos.

Este *"conocimiento de la verdad"* provoca una transformación en la vida del ser humano. No es un asunto intelectual, es la influencia del Espíritu Santo en la vida del hombre. El ser humano que aplica "la verdad", no lo hace solo por medio de la experiencia o de la razón, interviene para ello la presencia del Espíritu Santo, quién fue enviado al mundo para esta gran obra (Jn 16:8, 13).

 NOTA DOCTRINAL

> "La Biblia revela dos aspectos de la voluntad de Dios para la humanidad respecto a la salvación: su voluntad perfecta (que desea sinceramente que todos los hombres sean salvos) y su voluntad permisiva, la cual reconoce que Él les permite a muchos rechazar a Cristo y su salvación; véanse Mt 7:21; Lc 7:30; 13:34; Jn 7:17; Hch 7:51". (Biblia Vida Plena pg. 1738).

2:5,6 *"Porque hay un solo Dios, y un solo mediador entre Dios y los hombres, Jesucristo hombre, ⁶el cual se dio a sí mismo en rescate por todos, de lo cual se dio testimonio a su debido tiempo.*

Dios es único, es Dios de toda la humanidad (Ro 3:29,30), no hay "otros dioses". Los griegos tenían sus "panteones divinos" (del griego: *pan*: todos; *teos*: dios) adorando a muchos "dioses", pero Pablo aclara que *"hay un solo Dios"*. Esta declaración es heredada del judaísmo (Dt 6:4; Job 23:13) y reafirmada por el Señor Jesús (Mr 12:29). Pablo también enseña en este pasaje que Jesucristo es *"el único mediador"*. (Gá 3:19,20; He 8:6; 9:15 y 12:24). Establecer entre Dios y los hombres otros mediadores, ya sea en la tierra o en el cielo, es afirmar que Pablo mentía y es negar a Cristo y su obra redentora por el hombre.

Sólo Cristo es quien aboga ante Dios por el hombre (Ro 8:34). Sólo Él liberta al ser humano de la maldición de la ley (Ga 3:13,14), sólo Él presenta al hombre "justificado" ante Dios (Ro 5:1), sólo Él hace "santo" a un pecador (1 Co 6:11).

En el versículo 6, Pablo afirma la humanidad de Cristo, *"Jesucristo hombre"* pues no podía ser mediador más que siendo hombre: *"el cual se dio a sí mismo"*. La personalidad singular de Cristo (llamada teológicamente la unión hipostática del Verbo, es decir, ser Dios y ser hombre) es un misterio que la cristiandad ha entendido plenamente. Era necesario que Cristo perteneciera al mismo tiempo a "las dos partes" que debía reconciliar (Heb 2:14; 4:15). El plan de Dios se cumplió tal como fue diseñado. *"a su debido tiempo"*.

2:7 *"Para esto yo fui constituido predicador y apóstol (digo verdad en Cristo, no miento), y maestro de los gentiles en fe y verdad."*

Encontramos los ministerios que Dios otorgó a Pablo: predicador, apóstol y maestro. Ninguno de estos trascendentales trabajos fue recibido por imposición de manos o delegado por los hombres. Fue Dios quien llamó a Pablo desde el vientre de su madre (Gá 1:15), Jesucristo le reveló el evangelio (Gá 1:12) y el poder del Espíritu Santo vino sobre Él para que cumpliera su misión (2 Co 12:9).

- El predicador es aquel que "en voz alta proclama la verdad del evangelio".
- Un apóstol es "aquel enviado con una misión definida y con autoridad dada por Dios".
- El maestro es quien "instruye y enseña las Escrituras para crecimiento de los creyentes".

Al parecer, el orden de los ministerios es consecuente: primero predicador, después apóstol y por último maestro. El trabajo de Pablo fue asignado a favor de los gentiles (Gá 1:16). Su enseñanza debía ser *"en fe y en verdad"*, es decir, fiel y verdaderamente, predicando la verdad, y nada más que la verdad.

 PARA MEDITAR

> Dios es quien llama y comisiona. El ministerio no es otorgado por la imposición de manos, o por estudiar en un Instituto Bíblico, o por los títulos que se puedan obtener. Todo lo anterior es necesario, pero nada de ello nos hace predicadores, apóstoles, evangelistas, pastores o maestros. Cristo es quien llama según el puro afecto de su voluntad (Ef 1:4,5) y otorga el ministerio (Ef 4:11). Y todo esto con un propósito: *"perfeccionar a los santos para la obra del servicio… para llegar a la estatura del varón perfecto"* (Ef 4:12). Quien es llamado debe vivir agradecido a Dios por este privilegio que conlleva responsabilidad. Debe vivir apasionado en cumplir fielmente con la encomienda divina, como Pablo lo expresó: *"He peleado la buena batalla, … he guardado la fe"* (2 Ti 4:7).

2:8 *"Quiero, pues, que los hombres oren en todo lugar, levantando manos santas, sin ira ni contienda."*

Pablo, después de presentar sus credenciales como predicador, apóstol y maestro, explica lo que debe ser el orden del culto. La frase *"quiero pues"* se empleaba en el judaísmo helénico para transmitir una nota de mando autoritativo, según dice J. N. D. Keely. Por tanto, este *"quiero"* equivale a "ordeno". Cristo le dio al Saulo transformado, autoridad para instruir a la iglesia por lo que podía dar órdenes trascendentales:

- *Que oren en todo lugar.* Esta expresión es de lo más noble, pues procura que todos los varones creyentes muestren una fe públicamente. Aún orando en voz alta (Hch 4:24-31; cf. Esdras 3:12,13) La oración es indispensable en la vida del cristiano (1 Ts 5:16-18; Ro 12:12; Heb 4:16). Dios ha prometido bendiciones a sus hijos, pero solo las obtienen quienes las piden en oración. Entre los judíos había una superstición, que nació en alguna época: ninguna oración sería aceptada sino se hacía en el templo. Lo cual no era cierto.

Cristo enseñó a la samaritana que no hay un lugar exclusivo para acercarse a Dios, pues Él está buscando adoradores que le adoren en espíritu y verdad (Jn 4:4-24). Esteban, el diácono, testificó que Dios no está sujeto a espacio (Hechos 7:1-53). Pablo manda a los creyentes a orar en todas partes, porque todo lugar pertenece a los dominios de Dios. La oración pública, no deben de hacerla solo los clérigos o líderes, sino todos los hombres.

- *Que levanten manos santas, sin ira ni contienda.* Levantar las manos al orar era una costumbre no solo entre los judíos (Sal 28:2; 44:21), sino también entre los paganos. La acción expresa petición y ruego y da la impresión de ser un esfuerzo para abrazar la ayuda solicitada, desear alcanzar a quien se ruega. Sin embargo, en los redimidos esas manos debían ser puras, libres de pasiones.

- *La oración es incompatible con los malos sentimientos del corazón.* Jesús lo expresó en Mateo 5:23,24: *"Por tanto, si traes tu ofrenda al altar, y allí te acuerdas de que tu hermano tiene algo contra ti, deja allí tu ofrenda delante del altar, y anda, reconcíliate primero con tu hermano, y entonces ven y presenta tu ofrenda".* La vida cristiana es teórica y práctica. Si en palabra el hombre es "santo", con sus hechos debe mostrarlo.

El apóstol Santiago agrega: *"Pero alguien puede decir: Tú tienes fe, y yo tengo acciones. Pues bien, muéstrame tu fe sin las acciones, y yo te mostraré mi fe por las acciones"* (NBV Stg 2:18).

Las mujeres en la iglesia, 2:9-15

2:9-11 *"Asimismo que las mujeres se atavíen de ropa decorosa, con pudor y modestia; no con peinado ostentoso, ni oro, ni perlas, ni vestidos costosos, sino con buenas obras, como corresponde a mujeres que profesan piedad. La mujer aprenda en silencio con toda sujeción"*

"Asimismo", es igual que el *"quiero"*, para los hombres. Ahora, el Apóstol habla en cuanto al atavío de las mujeres. Considerando las costumbres orientales, puede decirse, que ya era ganancia que las mujeres pudieran estar en la "asamblea pública". Para que todos caminara bien, Pablo marca cuatro pautas para el atavío y comportamiento de las damas y así evitar calumnias a la fe (1 P 3:3-5).

- *Se atavíen de ropa decorosa, con pudor y modestia.* Al asistir a las asambleas públicas, (cultos o servicios) las mujeres debían vestirse modestamente, con arreglos y adornos sencillos de la época. Debían vestir con moderación, evitando gastos innecesarios. Por supuesto que debían vestirse a la usanza del país o ciudad donde radicaban, en este caso Éfeso. Se dice que la vestimenta griega era la más decorosa en aquel tiempo.
  Las mujeres cristianas si no se visten con modestia, pueden provocar deseos impuros, pues el culto en el templo exige ponerse de pie, sentarse, inclinarse, arrodillarse etc. "La modestia es la manifestación externa de una pureza interna".

- ***Que no se atavíen con peinado ostentoso.*** Esta tendencia era común en la cultura de aquella época. Las mujeres se hacían peinados con trencillas, mostrando extravagancia. Las trenzas eran sostenidas con peinetas de carey enjoyadas o también por medio de broches de marfil o plata.

  En Isaías se muestra un poco de la cultura de aquellos días, de las mujeres al vestirse: *"Por cuanto las hijas de Sion se ensoberbecen, y andan con cuello erguido y con ojos desvergonzados; cuando andan van danzando, y haciendo son con los pies… quitará el Señor el atavío del calzado, las redecillas, lunetas, los collares, los pendientes, y los brazaletes, las cofias… los anillos y los joyeles de las narices…"* (Is 3:16-23).

- ***Que realicen buenas obras.*** Pablo manda a la mujer se atavíe de ***"buenas obras"***. La enseñanza del apóstol no sólo está basada en prohibiciones, sino que también presenta el lado positivo del tema. Su ornamento debe ser *"preocuparse por hacer lo bueno, como se espera de las mujeres que aman y respetan a Dios"* (Biblia TLA).

  Pedro, el apóstol, también habla sobre el tema: *"Vuestro atavío sea el interno, el del corazón, en el incorruptible ornato de un espíritu afable y apacible, que es de grande estima delante de Dios"* (1 P 3:3,4). Lo más importante no son los atavíos o adornos que embellecen, y que preocupan más a las mujeres, sino el corazón incorruptible cual corresponde a las mujeres cristianas, poseedoras de un espíritu dócil y apacible delante de Dios y de la sociedad.

- ***Que aprenda en silencio, con toda sujeción.*** (*"debe aprender con serenidad"* traduce la biblia NVI). Esta no es una prohibición a la predicación de la mujer. El versículo debe interpretarse a la luz de 1 Co 11:5 y 14:34,35. Las restricciones rigurosas escritas en 1 Corintios, fueron provocadas por el hecho de que muchos miembros de esta iglesia eran convertidos salidos del paganismo, y la nueva libertad encontrada en Cristo los había llevado al libertinaje, o a ciertas extravagancias que eran indecorosas e irrespetuosas. Siendo Éfeso (con el cercano Mileto Hch 20:17), lugar donde pastoreaba Timoteo, y la ciudad de Corinto puertos, sus convertidos tenían normas y cultura muy diferentes a la judía. La iglesia de Éfeso estaba compuesta por personas que habían salido del paganismo, igual que las de Corinto.

Por lo tanto, fija estas normas a éstas y a otras iglesias con el mismo trasfondo, para que el evangelio no sea calumniado.

2:12-14 *"Porque no permito a la mujer enseñar, ni ejercer dominio sobre el hombre, sino estar en silencio. Porque Adán fue formado primero, después Eva; y Adán no fue engañado, sino que la mujer, siendo engañada, incurrió en transgresión"*

Existe el consenso que esta prohibición y recomendaciones semejantes deben entenderse a la luz de la vida en la iglesia de Éfeso y las iglesias de la región. ¿Qué sucedió allí que obligó a Pablo a dar esta sentencia? No se sabe exactamente, solo se tiene una parte de la historia. No se puede establecer esta enseñanza como un principio universal y atemporal. Pablo en 1 Corintios 11:5 también dice que había en la iglesia mujeres que oraban y profetizaban en público, lo cual muestra una participación activa y aceptada.

Saulo tenía, como colaboradoras en su ministerio, a mujeres. Se habla de Priscila, esposa de Aquila, (Ro 16:3) que junto con su esposo enseñó la Palabra de Dios a Apolo, varón elocuente y poderoso en las Escrituras (Hch 18:24-26). Aparece también Junia, mujer que se convirtió antes que Pablo y que era reconocida entre los apóstoles (Ro 16:7). Febe, es otra mujer creyente, destacada por el apóstol Pablo (Ro 16:1). Ella fue la portadora de la carta a los Romanos, además de ser diaconisa de la iglesia. Pablo reconoce públicamente el trabajo arduo de mujeres en la iglesia primitiva, por ello, no se debe pensar que él mismo se sujetara siempre a esta estipulación tan rígida. Que por cierto la da solo en esta ocasión.

También el apóstol menciona que la mujer no debe *"ejercer dominio sobre el hombre"*. Explica cuál es la razón: *"Porque Adán fue formado primero, después Eva"*. Dios creó a la mujer de *"la costilla de Adán"* (Gn 2:21); la creó como *"ayuda idónea"* para el varón (Gn 2:18). Cuando pecaron, Dios dictó una maldición a la mujer: *"… tu deseo será para tu marido y él se enseñoreará de ti"* (Gn 3:16).

No es que la mujer tenga menos valor ante Dios, que el hombre, es solo que a cada uno le asignó una función en particular. En el Nuevo Testamento, se establecen principios espirituales y de orden. Pablo dice: *"Y ya no hay judío ni griego, … ni varón ni mujer, porque todos vosotros sois uno en Cristo Jesús"* (Gá 3:28). Ante Dios, hombres y mujeres tienen el mismo valor, pero se establece que son diferentes en funciones. *"Las casadas estén sujetas a su propio marido como al Señor, … la mujer respete a su marido"* (Ef 5:22,33). En 1 Co 11:3 dice: *"Pero quiero que sepáis que Cristo es la cabeza de todo varón, y el varón es la cabeza de la mujer, y Dios la cabeza de Cristo"*. La mujer creyente sabe cuál es su función dentro de la vida familiar.

Es interesante notar que el apóstol menciona que *"Adán no fue engañado"*. Satanás no atentó la caída de Adán, sino la de la mujer. Ella lo dice: *"La serpiente me engañó y yo comí"* (Gn 3:13). Adán recibió de su mano el fruto prohibido. Génesis 3:6 dice: *"Viendo la mujer que el árbol era bueno… comió y ofreció también a su marido que estaba con ella, y él comió"*. Él sabía que estaba quebrantando la orden de Dios; él no fue engañado. Sin embargo, ella abrió el camino a la transgresión y como consecuencia entre otras cosas, quedó bajo el gobierno del varón.

2:15 *"Pero se salvará engendrando hijos, si permaneciere en fe, amor y santificación, con modestia."*

Desde el origen la intención de Dios para la mujer es que fuera "ayuda del varón y madre de la humanidad". El sentido de este versículo no es que cuantos más hijos tenga una mujer, eso la salvará, como algunos lo interpretan. (Si así fuera qué le espera a una mujer que no puede tener hijos) Aquí se muestra la solemne gracia de la maternidad. Dios, en su misericordia, dio a la mujer la especial función de la gestación: de ella vendría el Salvador del mundo (Is 7:14; Mt 1:20; Lc 1:28-31).

Dios le asigna a la mujer su verdadero lugar: ser madre, educar a sus hijos para el cielo, darles el ejemplo de la fe, de la caridad y de la santidad o pureza. Todo esto va unido a la "permanencia".

Se debe entender que si el varón es quien enseña en público, el deber de la mujer será transmitir a los hijos la fe recibida, es decir, la responsabilidad de guiar y encaminar a la siguiente generación de creyentes, junto con las convicciones que tienen que desarrollar.

Eso no impide de ninguna manera que la mujer también pueda enseñar.

Los hijos deberán ver en la madre la pasión, el amor, la fe y la permanencia en Cristo. Esto contagiará a los pequeños a seguir también a Cristo. Timoteo era un ejemplo de ello. A pesar de tener un padre no judío, su madre y abuela le enseñaron el amor de Dios. Pablo dice: *"trayendo a la memoria la fe no fingida que hay en ti, la cual habito primero en tu abuela Loida, y en tu madre Eunice, y estoy seguro que en ti también"* (2 Ti 1:5).

La fe, el amor y la santidad es lo más valioso que una mujer puede poseer y compartir.

PRIMERA EPÍSTOLA A TIMOTEO

CAPÍTULO 3

Requisitos de los obispos, 1 Ti 3:1-7

3:1 *Palabra fiel: Si alguno anhela obispado, buena obra desea.*

La biblia "Nueva Traducción Viviente (NTV) traduce este texto: *"La siguiente declaración es digna de confianza: Si alguno aspira a ocupar el cargo de anciano en la iglesia, desea una posición honorable"*.

En el desarrollo de esta carta, la frase "palabra fiel" se menciona tres veces (1 Ti 1:15; 3:1; 4:9), razón por la cual conviene manifestar hoy, la misma intensidad que tenía el Apóstol al orientar al joven pastor Timoteo. En ella se vierte el interés para que esa generación y las generaciones que vendrían recibieran la enseñanza respaldada por años de ministerio. Se puede observar que esa primera generación de cristianos por todo el vasto imperio romano organizó sus congregaciones muy rápido definiendo cargos y responsabilidades. Pablo a través de esta carta bajo la dirección del Espíritu Santo estampa su sello apostólico.

Puede decirse que la labor de los ancianos-pastores-obispos tiene su antecedente en el liderazgo de Moisés, cuando 70 varones de los ancianos de Israel, que eran principales, fueron elegidos para llevar *"la carga del pueblo",* junto con él (Nm 11:16). Funciones parecidas fueron establecidas al comenzar las sinagogas, en donde se nombraron "principales" con capacidades para administrar, enseñar y corregir. El respeto era la vestidura de honra que los mantenía en pie ante el pueblo, como padres juzgando cuestiones espirituales, morales y sociales.

Desde el ministerio del Hijo del Hombre en la tierra, y luego ampliado y precisado el concepto por los apóstoles, se ejercieron los dones y ministerios, para que por obra del Espíritu Santo se mostraran en la iglesia. La palabra **"desea"** es un término muy comprometedor que proviene del griego *epidsumeo*, que implica poner el corazón, implicando serle fiel al Señor.

El término **obispo** es traducción de *episkopos*, significando "el que tiene cuidado pastoral" o "es pastor". Por lo menos tiene 3 usos:

- Se aplica al ministro que dirige la congregación. Ocurre en muchas iglesias en Norte América.
- Se aplica a un supervisor o superintendente, como ocurre en la Iglesia Metodista. Puede ser obispo de toda una nación.
- En la Iglesia de Roma, en donde es la autoridad directa de los sacerdotes en una región (diócesis).

Obispos y ancianos: Existe controversia si se aplican al mismo tipo de dirigentes de la iglesia primitiva (Tito 1: 5-9). Parece ser que sí. Al comenzar a formarse "iglesias", Pablo y Bernabé nombraron "ancianos" con sorprendente rapidez, obligados por las circunstancias, a personas que estaban en los primeros meses de su fe. Hechos 14: 19-26, narra sobre el ataque ocurrido a Pablo en Listra en su primer viaje misionero y luego trasladarse valientemente a Derbe, junto con Bernabé en donde tuvieron mucho éxito. Al retornar para Antioquía de Siria, de donde habían partido "constituyeron ancianos en cada iglesia". Este viaje pudo haber durado máximo dos años. Tiempo corto para formar ancianos/obispos experimentados.

La Carta a los Gálatas revela el pronto surgimiento de judaizantes que obligaban a los nuevos cristianos, tanto gentiles como judíos a seguir estrictamente la observancia de la ley, incluyendo la orden de que los gentiles se circuncidaran, sin lo cual no podrían ser salvos (Hch 15:1). Los nuevos "ancianos" parece que fueron presa de los que "querían pervertir el evangelio de Cristo" al grado de que pronto se estaban alejando de Él *para seguir un evangelio diferente* (Gálatas1:6-10).

Por eso es muy importante la lista de requisitos que el Apóstol elaboró en sus cartas a Timoteo y a Tito, sobre el obispado de los ancianos y también sobre características esperadas de los diáconos.

 PARA MEDITAR

Respecto a *anhelar obispado* debe entenderse que, el obispado o pastorado, nace en una elección divina, pero que también es algo que la persona anhela, de tal manera que el nombramiento es una confirmación del llamado de Dios. Aunque es cierto que esto implicaba un reconocimiento para el aspirante, se debe tener presente que en los principios de la iglesia el deseo de servir como obispo significaba disposición al sacrificio. Repetidas veces podía desatarse la persecución, tanto de los judíos como de los gentiles o, como ocurría con frecuencia, de ambos lados. Sin olvidar a los falsos maestros, quienes hacían todo lo posible por minar el fundamento de la verdad y del surgimiento de más congregaciones que tuvieran al Señor Jesús como el centro de su adoración.

Verdaderamente, en aquel tiempo y en medio de tales circunstancias, no estaban fuera de lugar las palabras de incentivo para el obispado y de elogio implícito, para el hombre que mostraba disposición de servir en ese alto cargo. Y el oficio mismo era ciertamente "una tarea noble". Aún lo es, ¡pero nunca lo fue más que en las primeras décadas! Situación tan distante en el tercer milenio cuando muchos se autoproclaman mensajeros del Señor, con derechos y prebendas, que nunca se prometieron.

La lista que viene en seguida debe ser el marco de conducta:

3:2,3 *Pero es necesario que el obispo sea irreprensible, marido de una sola mujer, sobrio, prudente, decoroso, hospedador, apto para enseñar; ³No dado al vino, no pendenciero, no codicioso de ganancias deshonestas, sino amable, apacible, no avaro.*

Los encargados de la iglesia, llámense obispos, pastores o ancianos, no se nombraban en secreto; se les elegía a la vista de todos, el honor de la Iglesia se ponía en sus manos públicamente. Por esta razón, esta primera parte de los requisitos que se marcan, van enfocados a la vida personal de quien aspira el obispado.

Irreprensible. Parece resumir el todo de un buen servidor. La frase implica que el siervo no debe dar lugar a que surjan críticas, tanto dentro de la comunidad de creyentes, como de los de fuera.

Ser marido de una sola mujer. (En griego dice: *"Debe ser esposo de una sola esposa"*, también en 3:12) habla de la intachable moral que debe honrar al cargo. Esto da la pauta a valorar el matrimonio y la familia como parte fundamental de un siervo de Dios. Siempre en las cartas apostólicas se insistió en que el siervo de Dios fuese casado. Sin demeritar a los solteros, fue un terrible error, cuando al correr de los años se exigió el celibato (de célibe: soltero) a los líderes de las iglesias, a quien se les llamó sacerdotes.

Fue hasta los días de la Reforma, en el Siglo XVI, cuando los pastores de las nacientes iglesias luteranas y reformadas, volvieron a contraer matrimonio. Dentro de la Iglesia de Roma, líderes renovadores han querido abolir el celibato de los sacerdotes, pero hasta hoy ningún Papa lo ha autorizado, a pesar de los centenares de escándalos en todos los países. Es otro de los grandes errores, producto de haberse apartado de la Palabra

La sobriedad. Pablo utiliza el término griego *Nefalios*, que se aplica a una persona que manifiesta dominio propio; que es discreto, cuidadoso, prudente (2 Tim 1:7; Tito 2:4-6). El pastor debe ser libre de codicia o emociones incontroladas, y esta actitud debe mostrarse en todos los aspectos de la vida.

El decoro. Es sinónimo de recato, pureza y honestidad. El filósofo Platón decía que la persona decorosa (gr. *Kosmios*) es aquella que sin hacer alarde cumple con sus deberes de ciudadano y lo hace ordenadamente. Se podría entonces argumentar que *Kosmios*, se le aplica a aquel líder que pone limitaciones a su propia libertad.

Ser hospedador. Su importancia radicaba en el hecho que, en los días de Pablo, las posadas o "moteles" eran muchas veces casas de prostitución. Por tanto, los cristianos, y en particular el liderazgo, debían abrir sus casas a los evangelistas y misioneros itinerantes y a menudo a las necesidades de la comunidad cristiana, pues los cristianos quedaban sin hogar por las persecuciones. El obispo debía organizar la participación de los creyentes para hospedar a los necesitados, hasta ubicarlos en nuevas viviendas.

Apto para enseñar. (Griego: *didaktikos, didaktikon*). Se refiere tanto a la capacidad como al conocimiento. Es oportuno resaltar que la mayor responsabilidad que tenían era supervisar la transmisión de la doctrina. Además de tomar tiempo para enseñar, importaba mucho el trato personal que se les daba a los creyentes, para que aprendieran en forma práctica lo que representaba ser "de la fe en Cristo Jesús".

No dado al vino. Aunque en el mundo antiguo se usaba el vino corrientemente, esto no quiere decir que se bebiera en exceso. Se solía beber una mezcla de dos partes de vino, con tres de agua, por lo que debe recalcarse que alguien que abusara de la bebida, era despreciado en cualquier sociedad pagana ordinaria. Las palabras que se usan tienen un doble uso: *Néfálios* quiere decir sobrio, pero también quiere decir alerta y vigilante; *paroinos* quiere decir aficionado al vino, pero también quiere decir peleonero y violento. Lo cual significa que la persona bajo la influencia del alcohol, por pequeña que sea la cantidad ingerida, se expone a otras faltas. Matthew Henry, expresó: "La embriaguez es un pecado que nunca va solo, sino que lleva a los hombres a otros males; es un pecado muy provocador para Dios".

Efesios 5:18 recuerda: *"No os embriaguéis con vino, en lo cual hay disolución; antes bien sed llenos del Espíritu Santo".*

(Ver la nota en 3:8, sobre el requisito para los diáconos de *"no dados a mucho vino"*)

No pendenciero. El dirigente cristiano debe ser pacífico (*ámajos*). La palabra griega, se traduce como alguien que "no está dispuesto a pelear, quien busca siempre estar en paz con sus semejantes". Y desde luego, a no mostrar una tendencia a contraatacar a las personas que manifiesten desacuerdo con sus opiniones y tampoco a "perseguirlos" de alguna forma (Tito 1:7).

No codicioso de ganancias deshonestas, no avaro. Esta ordenanza siempre ha sido importante. La advertencia paulina en 6:10: *"porque raíz de todos los males, es el amor al dinero, el cual codiciando algunos se extraviaron de la fe, y fueron traspasados de muchos dolores"*, debe recordarse en toda circunstancia donde se maneje dinero.

Leer: Deuteronomio 16:19, Salmo 62:10, Proverbios 15:27, Mateo 6:19. Colosenses 3:5, agrega: *"avaricia, que es idolatría".*

Amable, apacible. (Fil 4:5), no necesitan explicación.

3:4,5 *que gobierne bien su casa, que tenga a sus hijos en sujeción con toda honestidad* ⁵*(pues el que no sabe gobernar su propia casa, ¿cómo cuidará de la iglesia de Dios?).*

Pablo probablemente tenía en mente la relación padre-hijos e hijos-padre. Habría sumisión de parte de los hijos, y un liderazgo serio y cuidadoso de parte del padre. No se puede gobernar únicamente con el corazón, se debe hacerlo en justicia, siguiendo los lineamientos divinos. La primera congregación que se le confía a un siervo es su familia, allí se practica liderazgo que se ejerce después en una congregación. Aquellos que son capaces de sujetar y disciplinar a los hijos en casa, bien podrán disciplinar y corregir en amor a los miembros de la congregación. Así mismo el hombre que es capaz de mantener un matrimonio estable e íntegro, será capaz de formar una generación de "hijos espirituales" con altos valores morales, fundamentados en la palabra de Dios.

3:6,7 *no un neófito, no sea que envaneciéndose caiga en la condenación del diablo. ⁷También es necesario que tenga buen testimonio de los de afuera, para que no caiga en el descrédito y en lazo del diablo.*

Neófito, es un vocablo que se aplica a algo recién plantado, y por extensión a alguien recién convertido. Habla de no dar responsabilidades importantes, a los creyentes que todavía no son maduros en la fe. Los negocios del Señor no pueden ser dejados en manos de inexpertos, aunque tengan el deseo de servir, pues no se debe poner en riego tan grande capital como lo es la iglesia de Cristo. El peligro es que, el neófito se vuelva presuntuoso y caiga en la misma condenación en que cayó el diablo. Por lo general, un novicio que de pronto recibe un cargo importante piensa más en la honra que va a recibir, que en el servicio que va a prestar, y es fácil que se envanezca, se llene del humo del orgullo, y se exponga a la caída en la misma condenación en que cayó el diablo.

En armonía con esta norma, en su primer viaje misionero, Pablo no designó ancianos en las iglesias sino hasta cuando las visitó por segunda vez (Hch. 14:23). También nótese que Timoteo mismo no fue ordenado inmediatamente después de su conversión. Habiendo sido conducido a Cristo en el primer viaje misionero de Pablo, fue ordenado hasta después.

Requisitos de los diáconos, 1 Timoteo 3:8-13

3:8-13 *Los diáconos asimismo deben ser honestos, sin doblez, no dados a mucho vino, no codiciosos de ganancias deshonestas; ⁹que guarden el misterio de la fe con limpia conciencia. ¹⁰Y éstos también sean sometidos a prueba primero, y entonces ejerzan el diaconado, si son irreprensibles.*

¹¹*Las mujeres asimismo sean honestas, no calumniadoras, sino sobrias, fieles en todo. ¹²Los diáconos sean maridos de una sola mujer, y que gobiernen bien sus hijos y sus casas. ¹³Porque los que ejerzan bien el diaconado, ganan para sí un grado honroso, y mucha confianza en la fe que es en Cristo Jesús.*

"no dados a mucho vino", es una ordenanza que ha sido mal interpretada, a fin de dar respaldo a la posibilidad de tomar "algo de vino". En muchos círculos cristianos, no pentecostales, hacen real esa práctica en sus fiestas y aún en la vida diaria, escuchando los anuncios mundanos de que el vino es medicinal, y aun tergiversando el consejo dado por Pablo a Timoteo, de que tomara un poco de vino a causa de sus enfermedades. (1 Tim 5: 23). Es claro que Timoteo no tomaba ninguna clase de vino, si no, Pablo no le habría dado ese consejo. El agua de Éfeso, en donde era pastor, era alta en alcalinidad y le había dañado el estómago. En el versículo 3, Pablo marca a los obispos la orden de *"no dados al vino"*; por extensión, aplicable a los diáconos.

"Los diáconos asimismo deben ser..."

Los vocablos diácono y diaconisa, se derivan del griego *diákonos,* que se traduce como *siervo*, principalmente. En algunas partes se traduce también como servidor o ministro. El vocablo *diákonos,* aparece unas treinta veces en el NT. Si se le agrega *diakonía*=ministerio, llegan a unas 70 ocasiones. Las ocasiones en que se usan son muy variables y se utilizan en diversas circunstancias.

      1 Tesalonicenses 3:2 traduce *diákonos* como servidor. Lo aplica a Timoteo.

      Hechos 19:22, usando *diákonos,* llama "ayudantes" a Timoteo y Erasto,

      Mateo 22:13, traduce *diákonos,* como *los que servían* al Rey.

      Colosenses 1:7, *diákonos* aplicado en Erasto, lo elogia como un fiel *ministro.*

      Colosenses 1:23, traduce *diákonos* en Pablo como *ministro* del evangelio.

      Filemón 1:13, le aplica diákonos a Onésimo, como un servidor.

Consultar Teología Práctica Pastoral, por el Dr.Teófilo J. Aguillón, sobre el tema de diáconos y diaconisas (págs.82-91) Editorial Vida, 2001.

 NOTA IMPORTANTE

La palabra diákonos, que se aplicó a los 7 servidores en Hechos 6: 2, cuando comenzaba la iglesia y luego en todas las demás ocasiones que se mencionan en el recuadro, revelan un uso generalizado como servidores, ayudantes o aún ministros. No eran todavía diáconos en el sentido que se dio posteriormente como oficiales de la iglesia, que se cita aquí en 1 Timoteo 3:8.

Debe decirse también que el vocablo *"diákonos"* se aplica a una persona que brinda un servicio de buena voluntad, a diferencia de *"doulos",* que se refiere a un siervo en esclavitud.

Comparando esta carta de Pablo a Timoteo, con las restantes, la cual es una de las últimas cronológicamente, se percibe una organización interna de la Iglesia más desarrollada. Donde se iban formando Iglesias locales, se iban nombrando responsables, cuya misión principal era cuidar esa comunidad, como un pastor cuida su rebaño (Hch 20:28). Los títulos que expresan mejor esta función de «pastores responsables», son justamente los títulos de obispo y diácono. Es interesante que en la segunda carta escrita a Timoteo y la escrita a Tito no se menciona el término "diácono".

El ministerio y la función de éstos al parecer no están definidos concretamente. Los requisitos sí son muy semejantes a los de los ancianos/obispos.

Los diáconos asimismo deben ser...

- ***honestos,*** (honorables) dignos de honra, serios, objetivos, veraces.
- ***sin doblez,*** (sinceros) de una sola palabra, confiables.
- ***no dados a mucho vino,*** (no dados al vino, como se pide a los obispos)
- ***no codiciosos de ganancias deshonestas;*** (ganancias mal habidas)
- ***que guarden el misterio de la fe*** (que conozcan la doctrina)
- ***sean sometidos a prueba primero,*** (ver nota en 3:6, para los diáconos)
- ***y entonces ejerzan el diaconado, si son irreprensibles.*** (ver nota en 3:2)
- ***Los diáconos sean maridos de una sola mujer,*** (ver 3:2, para diáconos)
- ***que gobiernen bien sus hijos y sus casas.*** (ver nota 3:4, para diáconos)
- "Las mujeres asimismo sean honestas, no calumniadoras, sino sobrias, fieles en todo".

Aquí surgen dos opiniones. Los que piensan que estas "mujeres" son las esposas de los diáconos y quienes piensan que se refiere a mujeres diaconisas. Dado que, en las congregaciones cristianas, las mujeres han sido mayoría en una proporción de 60% damas a 40% varones, bien pudiera referirse a los requisitos de las diaconisas. Algunas versiones bíblicas cambian "no calumniadoras", por "no chismosas", queriendo decir que no hagan públicas las confidencias recibidas en su ministerio. Romanos 16:1 menciona a la diaconisa Febe; posiblemente ya habría otras en las demás iglesias.

 PARA MEDITAR

> El rol de las mujeres es muy importante, dado que ministran en áreas donde los hombres no podrían hacerlo. Por ejemplo, en el cuidado de las mujeres enfermas, la preparación de las mujeres antes y después del bautismo, la visita periódica a las hermanas mayores, la presentación de los elementos para la Santa Cena y aún el trato con las mujeres dentro de la iglesia. Nadie mejor para esas funciones, que hermanas nombradas diaconisas por la congregación.

La mayoría de las iglesias deben incluir a las diaconisas como parte de los cuerpos directivos, llámense Junta de Oficiales, Junta de diáconos, Cuerpo Ejecutivo, Junta administrativa etc. tomando en cuenta lo que se dijo antes, sobre el porcentaje mayoritario de las mujeres en las iglesias.

Para ambos sexos, Pablo termina insistiendo:

- ***los que ejerzan bien el diaconado, ganan para sí un grado honroso, y mucha confianza en la fe que es en Cristo Jesús.***

Pablo declara que el Señor también tiene recompensas para todos. Los diáconos *"ganan"* y son promovidos. El diácono Esteban, llegó a ser un gran predicador, y el primer mártir de la iglesia, pues con su erudición desafió al Sanedrín Judío. El diácono Felipe se convirtió en evangelista y plantador de iglesias, y Dios le bendijo con 4 hijas dotadas con el don de profetas (Hch 21:8,9) que sirvieron al Dios de su padre. El libro de los Hechos les dedica un incomparable espacio: Hechos 6:1-6; 7:1-60; 8:5-40 21:8,9. Muchos diáconos y diaconisas, se han convertido en prósperos pastores.

El cristianismo trajo la emancipación de las mujeres, las liberó de una especie de esclavitud. Pero, la Iglesia tenía que establecer ciertas reglas, para posiciones de liderazgo (***honestas, no calumniadoras, sino sobrias, fieles en todo***). Usando su libertad sabiamente, fue como las mujeres llegarían a tener la posición respetable en la Iglesia, que hoy en día tienen, y que se va acrecentando en nuestro tiempo.

El misterio de la piedad, 1 Timoteo 3:14-16

3:14,15 *Esto te escribo, aunque tengo la esperanza de ir pronto a verte, ¹⁵para que si tardo, sepas cómo debes conducirte en la casa de Dios, que es la iglesia del Dios viviente, columna y baluarte de la verdad.*

"casa de Dios" un nombre sinónimo de templo o iglesia, que en los últimos tiempos muchas congregaciones usan, diciendo: "esta casa". Los creyentes en sí son la casa de Dios o su santuario (1 Co 3:16; 6:19; 2 Co 6:16) porque Dios habita en ellos.

Pablo prosigue: ***que es la iglesia del Dios viviente,*** no el templo de ídolos muertos. ***columna y fundamento*** (un buen sinónimo de *baluarte*) ***de la verdad.*** Habiendo sido llamada "casa de Dios", ahora la iglesia es comparada con una columna y fundamento. Como la columna sostiene el techo, mejor aún, como el fundamento sostiene toda la superestructura, así la iglesia sostiene la gloriosa verdad del evangelio.

 NOTA HISTÓRICA

Ekklesia, de donde se deriva iglesia, es una palabra griega compuesta por los términos "fuera de" y "su llamado". La primitiva iglesia judía seleccionó el término porque ya había sido usado en la Septuaginta, la traducción griega del Antiguo Testamento, escrita por el 250 a.C. Ekklesia es la traducción de la palabra hebrea *qahal*, como parte de la frase "la asamblea de Israel" (Números 20:4). Los escritores neotestamentarios afirmaban que eran "llamados por Dios", (apartados de entre los que se llamaban el pueblo de Dios, los israelitas). Los primeros creyentes judíos no veían ninguna ruptura radical entre el pueblo de Dios del Antiguo Testamento y ellos, ahora el pueblo de Dios, en el Nuevo Testamento. Por tanto, los creyentes afirmaban que la iglesia de Jesucristo, no el judaísmo rabínico, eran la verdadera heredera de las promesas escriturarias, reveladas en el Antiguo Testamento.

3:16 E indiscutiblemente, grande es el misterio de la piedad Dios fue manifestado en carne, Justificado en el Espíritu, Visto de los ángeles, Predicado a los gentiles, Creído en el mundo, Recibido arriba en gloria.

Esta bella descripción de la comunidad cristiana apunta al misterio mismo de la salvación, que el autor expresa por medio de un primitivo himno litúrgico (La B. RV60, lo escribe como una estrofa). El himno, es una síntesis de nuestra fe, proclama que *este* **misterio** no es una verdad abstracta, sino una persona: Jesucristo. El hombre que fue conocido como Jesús de Nazaret y que sufrió la muerte en la cruz y resucitó glorioso, es el mismo que ahora es proclamado a los paganos y creído en el mundo. Dado el contexto de la carta, el himno tiene la clara intención pastoral de reafirmar el contenido fundamental de la fe cristiana que ya se va extendiendo por todo el mundo.

Misterio de la piedad, ("misterio de nuestra fe", traducen las biblias NTV y NVI) aquí es el conjunto de verdades teológicas reveladas relacionadas con Jesús y nuestra redención, expresadas en estas seis declaraciones:

Dios fue manifestado en carne. (*"Cristo fue revelado en un cuerpo humano"* Biblia NTV) El hecho de que Uno tan glorioso en su preexistencia estuviera dispuesto a adoptar la naturaleza humana, cargada con la maldición, debilitada; fue una manifestación de amor infinito, condescendiente.

Haber sido ***justificado en el Espíritu*** (*"y vindicado por el Espíritu"* Biblia NTV) nos lleva a pensar que a lo largo de toda su vida en la tierra Jesús fue guardado del pecado por el poder del Espíritu Santo. Fue la perfecta sumisión de Jesús al Espíritu de Dios lo que le guardó del pecado, y también las credenciales de Jesús fueron vindicadas por la acción del Espíritu que moraba en Él. Cuando los escribas y los fariseos acusaron a Jesús de realizar milagros por el poder del diablo, Su respuesta fue: — *"Si Yo echo a los demonios por el Espíritu de Dios, entonces es que el Reino de Dios ha venido a vosotros"*. El poder que estaba en Jesús era el poder del Espíritu Santo.

Visto de los ángeles, El testimonio de ser visto por ángeles podría referirse al reconocimiento divino de la persona de Cristo expresado varias veces en público, como en la hora del bautismo (Mt 3:16,17), en la transfiguración (Mt 17:5), ante una multitud a la cual hablaba Jesús sobre su muerte (Jn 12:28). En su resurrección (Mt 28:2) y su ascensión (Hch 1:10)

Predicado a los gentiles, Creído en el mundo...

Pablo en la sinagoga de Antioquía, ante el rechazo de los judíos, declaró sobre quienes habría de enfocar su mensaje, de allí en adelante: *"he aquí nos volvemos a los gentiles"* (Hch 13:46), para ganarse el título "Apóstol de los gentiles", y que se cumpliese la palabra, dicha sobre Jesús: *"Te he puesto para luz de los gentiles, a fin de que seas para salvación hasta lo último de la tierra"* (Is 42:6).

Pablo fue el especial instrumento de Jesús para alcanzar a los gentiles y que fuese ***creído en el mundo.***

Hoy como nunca, Cristo y su evangelio han llenado la tierra. A todas las naciones ha llegado la palabra, y muchos han creído en Él. No ha sido creído por el mundo, pero sí creído en el mundo.

Recibido arriba en gloria. Finalmente, las puertas del cielo se abrieron para dar magnífico recibimiento al Hijo de Dios quien había prometido completar la buena obra en nosotros, "fue recibido arriba". Los cielos abrieron sus portales, y al recibir de regreso a su Rey victorioso, resonaron los ecos de himnos de júbilo, entonados por millares de millares: "Digno es el Cordero". *"Digno de tomar el libro y de abrir los sellos; porque tu fuiste inmolado, y con tu sangre nos has redimido para Dios, de todo linaje y lengua y pueblo y nación"* (Ap 5:9).

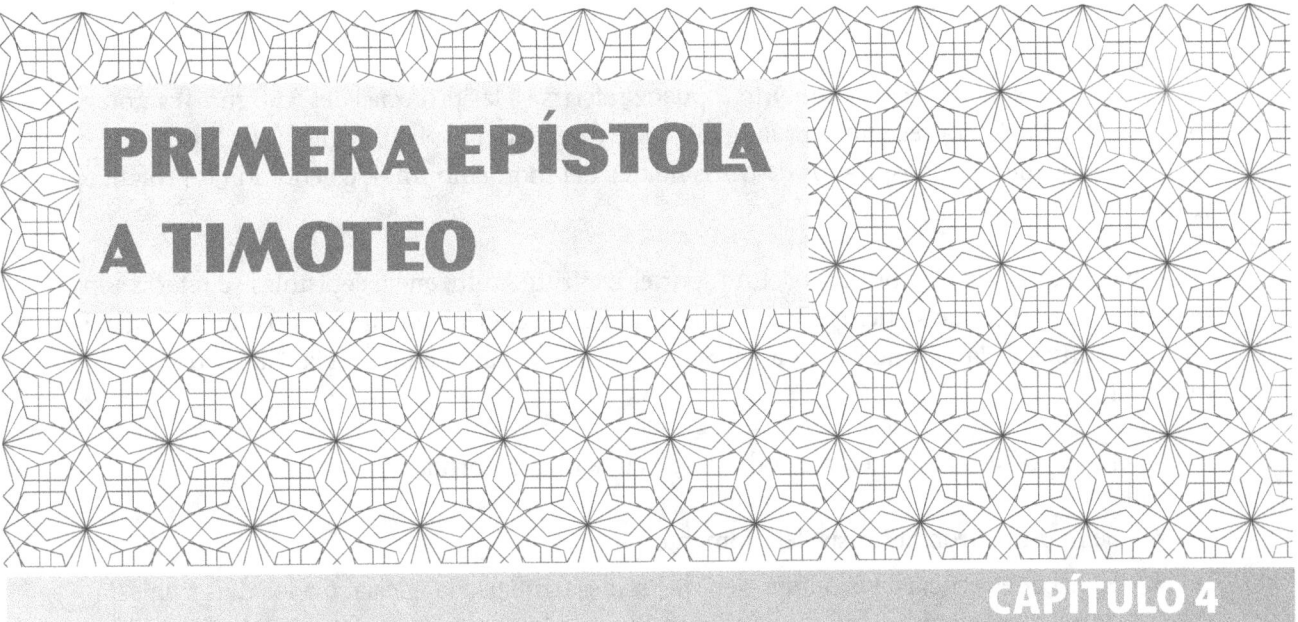

PRIMERA EPÍSTOLA A TIMOTEO

CAPÍTULO 4

Predicción de la apostasía, 1 Timoteo 4:1-5

4:1-5 *"Pero el Espíritu dice claramente que en los postreros tiempos algunos apostatarán de la fe, escuchando a espíritus engañadores y a doctrinas de demonios; ²por la hipocresía de mentirosos que, teniendo cauterizada la conciencia, ³prohibirán casarse, y mandarán abstenerse de alimentos que Dios creó para que con acción de gracias participasen de ellos los creyentes y los que han conocido la verdad.*

⁴Porque todo lo que Dios creó es bueno, y nada es de desecharse, si se toma con acción de gracias; ⁵porque por la palabra de Dios y por la oración es santificado".

Se entiende por apostasía la rebelión o abandono de la fe. Es decir, pasar a un estado de incredulidad. La palabra apóstata viene del término griego *afístemi*, que significa remover, instigar a la revuelta, desistir, desertar y apartar. Una amplia gama de actitudes negativas.

En esta porción el apóstol Pablo hace una lista de herejías, proviniendo fundamentalmente del maligno, desarrolladas por *la hipocresía de mentirosos.*

Los herejes de Éfeso estaban propagando una herejía que tenía consecuencias muy definidas en la vida práctica. Estos heresiarcas eran gnósticos. La esencia de las enseñanzas del gnosticismo es que el espíritu es totalmente bueno y la materia totalmente mala. Consecuentemente se predicaba que todo lo que tuviera que ver con el cuerpo era malo, y todo lo del mundo era indigno. En Éfeso esto desembocó en dos errores definidos:

- Insistían que las personas debían, hasta donde fuera posible, abstenerse de comer, porque la comida era material y por tanto mala; los alimentos servían al cuerpo, y el cuerpo era malo.
- También insistían en que había que abstenerse del matrimonio, porque los instintos del cuerpo eran perversos y por tanto debían reprimirse.

La frase *el Espíritu dice claramente*... puede referirse a las profecías del Antiguo Testamento, de las que Pablo era receptor por la inspiración directa del Espíritu Santo, (Hechos 20:33). Y también a los mensajes inspirados de otros líderes del momento ungidos con dones proféticos (Hechos 21:11).

Pablo, al igual que los profetas del AT, por el Espíritu Santo, en sus epístolas se refería a los importantes asuntos de su tiempo y a los que también sucederían en los tiempos venideros, mayormente antes de la segunda venida del Señor. Lo que se llama en profecía, "la ley de la doble referencia"

En el Nuevo Testamento en general, sucede en la misma forma:

- Se mencionaron las crisis del momento
- Se hace referencia a los tiempos en que se desarrollaría la iglesia, o a los días finales. Es decir, con una proyección escatológica como lo hicieron los profetas del Antiguo Testamento.

Al hablar de **postreros,** de lo que viene después, de "las últimas cosas", Pablo les enseñaba que poco después de su partida, entrarían en medio de la iglesia lobos rapaces que no perdonarían al rebaño. En el Nuevo Testamento la iglesia apóstata está relacionada con grupos, más bien que con una sola persona. Pablo declara que "el día del Señor" no vendrá sin que antes venga la apostasía, y que tristemente, *algunos apostatarán de la fe.*

> "Muchos creyentes se apartarán de la fe por haber dejado de amar la verdad (2 Ts 2:10) y de resistir la tendencia pecaminosa de los últimos días (cf Mt 24:5, 10-12). Así que en muchas iglesias muy pocos se opondrán al evangelio tergiversado de ministros y educadores transigentes (2 Ti 3:5; 43:3)" B. Estudio Pleno p. 1743.

Los deberes pastorales de Timoteo son prescritos por el Apóstol en contraste radical con las actividades de los falsos maestros. Señalados con calificativos tales como ***espíritus engañadores y doctrinas de demonios,*** es decir, impostores que tenían la conciencia marcada a fuego, como delincuentes o esclavos fugitivos.

La percepción que tenían las primeras comunidades de estar viviendo el final de los tiempos, hace que el autor vea en esos individuos una imagen de los promotores de la apostasía ya presente y la de la que surgirá antes de la venida definitiva del Señor. La que el mismo Señor Jesús ya había profetizado: *"Y muchos falsos profetas se levantarán, y engañarán a muchos"* (Mateo 24:11).

Por la hipocresía de mentirosos que, teniendo cauterizada la conciencia... aquí se revela la clase de personas que serán esos maestros. A temprana edad la conciencia del ser humano es tierna, pero con el tiempo se vuelve insensible y sin escrúpulos. Es por lo que tales mentirosos tratan de engañar a los cristianos que en sus vidas diarias manifiestan rectitud y amor. Al abandonar esos individuos la fe, se hacen hipócritas, mienten, difunden incorrectas doctrinas y engañan a muchos.

Como ya se dijo, entre las doctrinas perniciosas, el autor cita la prohibición del matrimonio y las reglas alimenticias extremas, aludiendo, quizás, al dualismo entre cuerpo y espíritu y al desprecio por la materia, típicos del gnosticismo. Sistema filosófico religioso sincretista de entonces, que llegaba a aberraciones tales como considerar y prohibir a sus iniciados la unión sexual por ser intrínsecamente mala.

…Prohibirán casarse, y mandarán abstenerse de alimentos que Dios creó. Se mencionan dos ejemplos de esas doctrinas de demonios: la prohibición del casamiento y la abstención de ciertos alimentos. Prohibían casarse, sin tomar en cuenta que Dios estableció el matrimonio (Génesis 2:22-24)

La palabra profetizada por Pablo se cumplió muy pronto, pues el celibato para los clérigos en la iglesia romana fue ordenado por Sincio, que fue elegido papa en el año 385. León el Grande confirmó el decreto en el siglo V y mandó que los subdiáconos se sometieran a esta práctica. Posteriormente, varios Concilios lo aprobaron, continuando esta práctica hasta la fecha.

La Biblia, con sus disposiciones, quedó también a un lado muy pronto, olvidando que la Palabra enseña que el matrimonio es honroso y que a los apóstoles les era permitido tener su propia esposa (1 Co 9:5), lo mismo que a los pastores, obispos y diáconos (1 Ti 3:2, 4, 12). La Biblia también enseña que cada uno debe tener su propia mujer por causa de las fornicaciones (1 Co 7:2, 8,9; 11:11). Aunque Pablo habla en favor de la soltería y la vida célibe, en ningún momento las presenta como obligación en lugar del matrimonio.

Estos espíritus engañadores también mandarán abstenerse de los alimentos que Dios creó. En algunas denominaciones existen prohibiciones de comer carne, sin que haya fundamento para ello. La creación de Dios incluye una gran variedad de alimentos con diferentes olores y sabores, para deleite del paladar y beneficio de la salud física…. ***y mandarán abstenerse de alimentos que Dios creó para que con acción de gracias participasen de ellos los creyentes y los que han conocido la verdad.***

Se deben tomar los alimentos ***con acción de gracias,*** pues el que ha conocido la verdad, sabe que Dios es autor de todo lo que existe, que lo hizo para su pueblo, y que existe la capacidad de dar gracias a Dios por sus bondades.

Porque por la palabra de Dios y por la oración es santificado, (la biblia NTV lo dice así: "Pues sabemos que se hace aceptable por la palabra de Dios y la oración")

El Señor Jesús con oración bendijo los alimentos (Mt 14:19), y Pablo dio gracias a Dios por ellos (Hch 27:35). La oración pública de acción de gracias es una excelente oportunidad para dar honor a Dios como el dador de todas las cosas (1 Co 10:31).

 PARA MEDITAR

El Espíritu Santo guía a los creyentes a través de la Palabra, brinda la iluminación para entender las Escrituras. El Espíritu fue enviado para ayudar y guiar a la verdad.

> Cuando se infiltran los herejes pronto contagian como gangrena y la iglesia comienza a llenarse de pseudo cristianos, que afectan muchas áreas de las comunidades cristianas. Las falsas doctrinas son numerosas y pueden alejar a los cristianos, de Dios, de la verdad y de la piedad.

Un buen ministro de Jesucristo, 1 Timoteo 4:6-16

4:6-10 *"Si esto enseñas a los hermanos, serás buen ministro de Jesucristo, nutrido con las palabras de la fe y de la buena doctrina que has seguido. ⁷Desecha las fábulas profanas y de viejas. Ejercítate para la piedad; ⁸porque el ejercicio corporal para poco es provechoso, pero la piedad para todo aprovecha, pues tiene promesa de esta vida presente, y de la venidera. ⁹Palabra fiel es esta, y digna de ser recibida por todos.*

¹⁰Que por esto mismo trabajamos y sufrimos oprobios, porque esperamos en el Dios viviente, que es el Salvador de todos los hombres, mayormente de los que creen".

Si esto enseñas a los hermanos, Pablo amablemente anima a Timoteo, su amado hijo en la fe, a corregir a los miembros de la iglesia, advertirles del peligro venidero y establecer un firme fundamento.

Para ser un buen maestro, Timoteo necesitaba **estar nutrido con las palabras de la fe y de la buena doctrina que has seguido** (La buena enseñanza que paso a paso has seguido, dice la Biblia NVI). El término nutrido proviene del griego *entrefomenos*, que denota estar lleno, y ser abundante. Para ser un buen siervo de Jesucristo hay que estar rebosante de la Palabra de Dios, que contiene las palabras de la fe y de la buena doctrina.

⁷Desecha las fábulas profanas y de viejas. Ejercítate para la piedad;

- La Biblia NVI en el versículo 7 dice: *"rechaza las leyendas profanas y otros mitos semejantes. Más bien ejercítate en la piedad"*.
- La Biblia NTV en el versículo 7 dice: *"no pierda el tiempo discutiendo sobre ideas mundanas y cuentos de viejas. En lugar de eso, entrénate para la sumisión a Dios"*. (es decir, traduce "piedad" como "sumisión a Dios").

La palabra "fábula" en griego es *mythos*, de donde deriva el término mitología, y se utiliza para denotar falsedad y pretensiones a fin de engañar a otros. Pablo aplica esta palabra a los errores gnósticos, a las fábulas judaicas y profanas y de las genealogías (1 Ti 1:4; 4:7; 2 Ti 4:4 y Tito 1:14). Fábula sería lo contrario a verdad. La mitología atribuye a los dioses características pecaminosas y groseras. De allí que Timoteo debe desechar narraciones mentirosas y ficticias. Y si bien éstas pueden contener alguna enseñanza moral, traen consigo enseñanzas erróneas en cuanto a lo que es verdad y es bueno. El padre de Timoteo era griego, y seguramente conocía mucho de la mitología, pero debía desecharla y continuar nutriéndose con la Palabra de Dios.

Cuando Pablo dice *de viejas*, es una expresión sarcástica que se usa a menudo en polémicas filosóficas, para resaltar la posición de un oponente a las historias, que, en aquella cultura, relataban las mujeres ancianas.

Ejercítate para la piedad; porque el ejercicio corporal para poco es provechoso, pero la piedad para todo aprovecha, pues tiene promesa de esta vida presente, y de la venidera.

- La Biblia NVI dice: … *"pues aunque el ejercicio físico trae algún provecho, la piedad es útil para todo"*.
- La Biblia de estudio Ryrie comenta *"para poco"* así: "Los beneficios del ejercicio corporal son limitados y transitorios, cuando se contrastan con los amplios y permanentes beneficios de la piedad".

Es con las grandes verdades centrales con lo que se debe alimentar la mente y nutrir la fe. Se le dice a Timoteo que de la misma manera que un atleta entrena su cuerpo, así debe el cristiano entrenar su alma. No es que sea despreciable la buena condición física. La fe cristiana cree que el cuerpo es el templo del Espíritu Santo. Seguramente que Pablo tenía ciertas cosas en mente:

- Primera, que en el mundo antiguo, con influencia griega, los gimnasios tenían sus peligros. Todos los pueblos tenían su gimnasio; para los jóvenes entre los 16 y los 18 años, la gimnasia era una de las partes más importante de su educación. Pero el mundo antiguo estaba invadido por la homosexualidad, y los gimnasios eran notorios como semilleros de ese pecado particular.
- Segunda, Pablo propone un sentido de proporción. El entrenamiento físico es bueno, y hasta esencial; pero tiene una utilidad limitada. No desarrolla más que una parte de la persona; y produce unos resultados que solamente duran cierto tiempo, porque el cuerpo es pasajero.

El entrenamiento en la piedad desarrolla la personalidad total, en cuerpo, mente y espíritu, y sus resultados afectan no solamente en el tiempo sino también en la eternidad.

 NOTA DOCTRINAL

La piedad es un término de amplio significado, como un prisma que tiene varias facetas. La piedad es una vivencia (1 Tim 2:2); es algo que se profesa (1 Tim 2:10); es Dios manifestado en Jesucristo (1 Tim 3:16); es algo en lo cual un cristiano debe ejercitarse (1 Tim 4:7); y es algo sumamente provechoso (1 Tim 4:8). Piedad es la inclinación al bien, a todo lo que Dios representa, y en esa inclinación el joven pastor debía ejercitarse.

 NOTA HISTÓRICA

Como hijo de padre griego, el Apóstol consideraba que Timoteo estaba familiarizado con las costumbres griegas, que los llevaba a competir en deportes variados, en pruebas de "pista y campo", tales como las carreras en los estadios; la lucha greco-romana, el box, los saltos y otras disciplinas más, que les llevaron a organizar los famosos "juegos olímpicos" que hoy en día se siguen efectuando cada 4 años, con la participación de atletas de más de 200 países.

Actividades a las que dedicaban mucho tiempo los griegos, y por ende un joven como Timoteo, por ello, Pablo le pide que sus ejercicios estén relacionados con la inclinación a Dios y a su voluntad. En otras palabras, le dice: Haz gimnasia espiritual, desarrolla los músculos de tu espíritu, sé fuerte en Dios.

Pablo compara algo bueno, el ejercicio corporal, con algo aún mejor, el ejercicio espiritual. Pablo usa la analogía del entrenamiento físico, instando a Timoteo a entrenarse para la piedad de la misma manera que los atletas disciplinados se entrenan para la competencia. Los atletas deben superar barreras físicas, y deben mostrar determinación y férrea disciplina. Es un magnífico ejemplo, digno de llevar al terreno espiritual.

Palabra fiel es ésta, y digna de ser recibida por todos, una vez más, Pablo usa esta frase como una llamada de atención para introducir un importante mensaje sobre la persona de Dios. Los apóstoles trabajaron mucho y se expusieron a sufrimientos, infamias, deshonras y peligros.

Que por esto mismo trabajamos y sufrimos oprobios, porque esperamos en el Dios viviente, que es el Salvador de todos los hombres, mayormente de los que creen". Hombres notables que pudieron haber sobresalido en otras áreas de la vida, se dedicaron a tan difícil tarea: Anunciar que Jesús es el Salvador de todos los hombres, quien pagó el rescate por todos (1 Ti 2:6).

 NOTA DOCTRINAL

Dios es el Salvador de todos porque ofrece salvación y salva a todos los que se allegan a Él. La declaración habla de la universalidad del evangelio, sin dar por eso pie al Universalismo (doctrina que enseña que finalmente Dios perdonará a todos).

12 *"Esto manda y enseña. Ninguno tenga en poco tu juventud, sino sé ejemplo de los creyentes en palabra, conducta, amor, espíritu, fe y pureza".*

A Timoteo se le dice que mande y enseñe, que deseche los mitos profanos, se ejercite para la vida de piedad, se nutra de las palabras de fe y doctrina correcta. La buena enseñanza hará que los creyentes sean dignos defensores de la fe, serviciales y útiles.

Ninguno tenga en poco tu juventud, esto es, ante todo, una palabra de ánimo a Timoteo que tal vez era tímido. En una cultura donde los mayores eran tenidos en alta estima, y en una iglesia donde los ancianos habrían sido de más edad que Timoteo, estas palabras cobran importancia. Además, es una exhortación a la comunidad, que debía tener en cuenta que, a pesar de su juventud, Timoteo contaba con experiencia y la autoridad "apostólica" para enseñar.

Se puede suponer que hacia el año 51, cuando Timoteo se unió a Pablo, en el segundo viaje misionero, contaba con una edad entre los 22 y los 27 años. Es difícilmente probable que el Apóstol hubiera permitido que un joven menor se le uniera para una obra tan difícil. Además, Timoteo debió de haber alcanzado un grado de madurez durante el primer viaje misionero de Pablo. Posiblemente Timoteo tenía ahora entre 34 y 39 años. Por lo tanto, Timoteo todavía era un joven. Tal vez, era considerado demasiado joven para el puesto que ocupaba: representante apostólico y como tal, jefe de todos los ancianos/pastores/obispos, en las iglesias de Éfeso y sus alrededores.

Estos "ancianos", en el antiguo Israel, luego en la sinagoga de tiempos posteriores y también en la iglesia primitiva; eran generalmente avanzados de edad o por lo menos hombres maduros. Y aquí está Timoteo, un hombre mucho más joven y, además, persona reservada y tímida, ejerciendo autoridad sobre quiénes eran mayores por considerables años.

Timoteo no debía permitir que nadie lo despreciara por causa de su juventud. Tenía que lograr esto conduciéndose como un hombre consagrado, de sabio consejo y de sabiduría práctica. De un modo completamente natural tenía que conquistar el respeto de todos los hermanos. Pablo está tratando de decirle al joven pastor que debía ser el modelo de lo que los creyentes deben ser y le marca seis atributos en los que debía ***ser ejemplo:***

- **En palabra.** Esto es, en la conversación personal. El lenguaje es el medio de comunicación entre los hombres, pero también revela el interior del corazón (Mt 12:34). Si ser joven no le ayudaba a Timoteo a conseguir el respeto de los demás, su vida limpia sí lo lograría.

- **En conducta.** Esto es, en costumbres, hábitos, modo de tratar a las personas.

- **En amor.** Esto es la presencia de Dios mismo en el corazón del hombre. El amor es el primero de los frutos del Espíritu (Gá. 5:22). Es un profundo apego personal a sus hermanos y una genuina preocupación por su prójimo (incluidos sus enemigos), buscando siempre la promoción del bienestar de todos (1 Co 13:1-8).

- **En espíritu.** Juan Calvino traduce esta palabra así: "con ardiente celo por Dios".

- **En fe.** Muchos comentaristas la ponen como sinónimo de fidelidad. La raíz *pisteuo*, aparece 245 veces, con varios significados. A Abraham su fe le fue contada por justicia (Ro 4:22); a los creyentes les llena de confianza por medio de la fe en Él (Ef 3:12); la fe es la substancia o convicción de las cosas que se esperan (Heb 11:1) etc.

- **En pureza.** En completa conformidad, de pensamiento y hecho, con la ley moral de Dios; lo que incluye limpieza, integridad y respeto en el trato con las damas.

4:13 *"Entre tanto que voy, ocúpate en la lectura, la exhortación y la enseñanza".*

Reafirmando las instrucciones, Pablo le encarga a Timoteo que se ocupe de:

1.-**La lectura pública** de las Escrituras, pero ahora no solamente la lectura de la ley y los profetas, sino también porciones del Nuevo Testamento que estaban circulando. La recomendación incluye meditar y escudriñar personalmente la Escritura en forma cuidadosa e inteligente.

2.-**La exhortación,** es en sí la predicación; que incluye advertencia contra errores doctrinales y morales, así como consejo y aliento.

3.-**La enseñanza.** Las tres indicaciones se relacionan y pueden superponerse. Esto parece ser un modelo de culto de la iglesia primitiva, siguiendo el estilo de la sinagoga. Desde luego aquí no se mencionan cantos y oraciones, pero seguramente los incluían. (en Hechos 20:7-11, se observa otro modelo de un culto)

4:14 "No descuides el don que hay en ti, que te fue dado mediante profecía con la imposición de las manos del presbiterio".

En la iglesia primitiva, Dios reveló muchas veces, su voluntad a través de los profetas. En Hechos 13:1-3 se muestra la ocasión en donde los profetas tomaron parte activa comisionando a Pablo y a Timoteo en su trabajo misionero.

En el caso de Timoteo, la profecía pudo haberse dado en el tiempo de su ordenación por el presbiterio (1 Ti 1:18) o tal vez unos doce años antes, en Listra, cuando Pablo lo incluyó en su grupo, durante su segundo viaje misionero y puso sus manos sobre él (Hch 16:3; 2 Ti 1:6). Las profecías sobre Timoteo indicaban el importante ministerio al que el Señor le estaba llamando y que posteriormente se cumplieron. Eso ratifica la realidad del ministerio profético en el Nuevo Testamento, no tan solo en el AT, y que no ha desparecido en la era actual.

Timoteo había sido dotado especialmente para su tarea. De aquí que Pablo prosiga: *No descuides el don que hay en ti.* Timoteo debía emplear con el mayor cuidado el don recibido, que le hacía ser apto para exhortar, enseñar y guiar. Debía hacer uso de éste cuando administraba la Palabra y también ejercerlo cuando decía a otros cómo debían predicar. Tenía *"un don"* (¿de ciencia, de sabiduría o de fe?), no se nos dice, (o mejor *"dones"*) que le fue otorgado por el Espíritu Santo. Por eso Pablo escribe: *que te fue dado mediante profecía con la imposición de las manos del presbiterio.* Es decir, hubo profecías por parte de varios presbíteros/ancianos/pastores.

Esta "ceremonia" de imposición de manos, ocurre en la iglesia moderna cuando se ordenan ministros, diáconos y oficiales de las iglesias. También cuando los ministros ascienden en sus credenciales o son instalados como pastores. Desde luego, cuando son nombrados a ocupar posiciones importantes dentro de la denominación. Ocurre algo especial, que repite la experiencia entre Pablo y Timoteo de sentir *"el fuego de Dios que está en ti por la imposición de mis manos"* (2 Ti 1:6) La versión bíblica NVI expresa: *"que avives la llama del don de Dios"* (Nota del Dr. Teófilo J. Aguillón, director de este Comentario: Por espacio de unos 50 años he puesto mis manos sobre líderes y pastores de iglesias; sobre alumnos graduados de los Institutos y Seminarios; sobre oficiales de las Secciones y Distritos; y sobre líderes nacionales en el momento de su consagración. Últimamente en los Concilios de 2010 y 2014, sobre el Pbro. Abel Flores A., Superintendente General de las Asambleas de Dios en México y sobre el Pbro. Gilberto Cordero J., Tesorero General, en el Concilio de 2018. Puedo decir, que siempre ha ocurrido algo).

Esta práctica sustituyó al derramamiento de aceite sobre la cabeza de reyes y sacerdotes que eran consagrados a Dios en el Antiguo Testamento. Es un acto de gracia del Espíritu Santo, quien otorga capacidades "especiales" al receptor, para que lleve a cabo los deberes del oficio en el cual fue nombrado.

4:15,16 *"Ocúpate en estas cosas; permanece en ellas, para que tu aprovechamiento sea manifiesto a todos. ¹⁶Ten cuidado de ti mismo y de la doctrina; persiste en ello, pues haciendo esto, te salvarás a ti mismo y a los que te oyeren".*

Pablo quería estar seguro de que se enseñara la doctrina correcta y por lo tanto exhorta al líder principal para que continúe enfocándose en sí mismo, esto es, sus deberes, sus dones, sus privilegios de siervo y desde luego en la sana doctrina.

La promesa es: ***pues haciendo esto, te salvarás a ti mismo y a los que te oyeren***, el hombre no se salva por obras, sino por gracia, por medio de la fe (Tito 3:3; Ef. 2:6-8); La Biblia NTV confirma este principio diciéndolo así: *"Ten mucho cuidado de cómo vives y de lo que enseñas. Mantente firme en lo que es correcto por el bien de tu propia salvación y la de quienes te oyen"*

Puesto que la vida santa y la sana doctrina son fruto de la fe, Pablo expresa que haciendo esto Timoteo se salvará a sí mismo y a sus oyentes.

PRIMERA EPÍSTOLA A TIMOTEO

CAPÍTULO 5

Deberes hacia los demás, 1 Ti 5:1-24

5:1 "No reprendas al anciano, sino exhórtale como a padre; a los más jóvenes, como a hermanos;" *(la Biblia NTV expresa: "Nunca hables con aspereza a un hombre mayor, sino llámale la atención con respeto como los harías con tu propio padre")*

El apóstol Pablo le escribe al pastor Timoteo como si fuera un hijo al que aconseja dentro de su labor pastoral. El lugar donde Timoteo se encontraba ministrando era de cultura griega, por lo que de alguna manera eran influenciados por los escritos platónicos y de otros filósofos, que impulsaban el respeto y la honra para los ancianos. Pero también es cierto que era necesario enseñar ciertos principios en las iglesias nacientes. La palabra que utiliza Pablo para anciano es "*presbuteroV*" presbuteros= "presbíteros"; que si bien esta palabra podía utilizarse para definir un rango de autoridad, también era utilizada para una persona de edad avanzada y por el contexto aquí, es la segunda opción. Una transliteración de "reprendas" sería "golpear con palabras".

Además, a las personas jóvenes, debería amonestarles como si fueran sus hermanos. En repetidas ocasiones, las personas que son amonestadas dentro de la iglesia sufren un daño irreparable, no porque no sean conscientes de lo mal que actuaron, sino por la dureza de la represión. Timoteo debe poner en práctica su templanza y no sobrepasar los límites de sus palabras hacia los ancianos, pero también hacia los jóvenes, pues a todos debe tratar con amor fraternal.

 PARA MEDITAR

Las relaciones son importantes, muchas de ellas son dañadas por falta de sabiduría al momento de una represión, en la cual la ausencia total de tacto produce roturas en el cuerpo de Cristo que pudieron ser evitadas. Se debe recordar la indicación de Proverbios 9:8,9: *"No reprendas al escarnecedor(burlador) para que no te aborrezca, corrige al sabio y te amará. Da al sabio y será más sabio; enseña al justo y aumentará su saber"*

5:2 *"a las ancianas, como a madres; a las jovencitas, como a hermanas, con toda pureza".*

Debió haber sido difícil para Timoteo, el exhortar (aconsejar, amonestar, animar) a las personas mayores que él. Sin embargo, era su responsabilidad hacerlo, para que nadie estuviera fuera de las líneas marcadas por la iglesia respecto a la santidad.

El apóstol Pablo le da una clave para no romper el hilo delgado que puede presentarse en el trato con las jovencitas dentro de la congregación, le indica: trátalas como si fueran tus propias hermanas, con toda pureza. La palabra que utiliza es "agneia" (*agneia*), tal vez la traducción literal más adecuada sería "libre de corrupción". Debía acercarse a las jovencitas con pensamientos no contaminados por el ambiente que prevalecía en la época y en "la cultura griega" de Éfeso y la región.

 NOTA DE CARÁCTER ÉTICO

Las relaciones con el sexo femenino deben ser de absoluto respeto y pureza. Ello mantendrá a salvo al líder y a la congregación. Pablo pone los cimientos del trato en la iglesia entre el liderazgo y la congregación. Fija límites que deben respetarse para el buen ambiente eclesial.

a. Para con las viudas, 5:3-16, (una amplia sección)

Introducción: Estos trece versículos los dedica el Apóstol para tratar de aplicar algunos principios del AT, que Moisés estableció en Éxodo y en Deuteronomio, sobre el respeto y cuidado que se debía brindar a las viudas (Ex 22:22-24, Dt 27:19); así como lo que en Isaías 1:17 se recalca: *"haced justicia al huérfano, amparad a la viuda"*. Los Salmos 68:5 y 146:9 hacen memoria por su parte de la misericordia divina, llamando al Padre: *"defensor de viudas"* y de paso recordando que *"Jehová guarda a los extranjeros; al huérfano y a la viuda sostiene"*.

Es muy posible, que lo señalado a Timoteo para que rigiera en la iglesia de Éfeso, fue un modelo de cómo debía protegerse y tratarse a las viudas en cada iglesia neotestamentaria. Es decir, que surgiera una especie de "departamento de beneficencia", que ayudara a las viudas mayores de 60 años que calificaran cumpliendo con los requisitos que a continuación se detallan. Es importante recordar que en esos días no existían programas de ayuda social, como los que existen hoy en la mayoría de los países, por lo que muchas de las recomendaciones no se aplican al tiempo presente. Sin embargo en todo tiempo la iglesia cristiana debe proceder de la mejor manera posible.

5:3 *"Honra a las viudas que en verdad lo son".*

Pablo, se refiere a las viudas verdaderas, no todas las mujeres que se encontraban solas eran viudas. Muchas mujeres habían llegado a la iglesia casadas, sin embargo, habían sido abandonadas por su marido y a ellas se les llamaba también viudas, a pesar de que estrictamente no lo eran.

5:4-6 *"Pero si alguna viuda tiene hijos, o nietos, aprendan estos primero a ser piadosos para con su propia familia, y a recompensar a sus padres; porque esto es lo bueno y agradable delante de Dios. ⁵Mas la que en verdad es viuda y ha quedado sola, espera en Dios, y es diligente en súplicas y oraciones noche y día. ⁶Pero la que se entrega a los placeres, viviendo está muerta".*

En la carta, el Apóstol complementa la mención de las viudas, recalcando la responsabilidad que tenía la familia para con ellas. El verbo "aprendan" es un imperativo que en griego significa "apelar a la voluntad". Sin embargo, implicaba la recomendación para el grupo familiar más cercano a "ser piadosos". Ello significa que la actitud hacia los padres es un asunto de aprendizaje y práctica continuos, que se va a demostrar en una actitud de honra constante y sistemática, de tal manera que los padres no estarán desamparados al llega a una edad avanzada. El afecto humano derivará en una recompensa divina. Hacer esto es *"bueno y agradable delante de Dios"* declaró el Apóstol.

Debían ser *"diligentes en súplicas y oraciones noche y día"* confiando en el Señor defensor de viudas y huérfanos. El AT contiene muchas recomendaciones sobre el trato a viudas y huérfanos, como ya se dijo en el versículo 3. Léanse también Deuteronomio 10:17,18; 24:17; Éxodo 22:22; Isaías 1:17; Zacarías 7:10. Por otra parte, una vida de oración evita la triste posibilidad mencionada en el versículo 6, que se aplica también a todos lo que no tienen a Cristo: *"viviendo están muertos"*.

5:7,8 *"Manda también estas cosas, para que sean irreprensibles; porque si alguno no provee para los suyos, y mayormente para los de su casa, ha negado la fe, y es peor que un incrédulo".*

La iglesia debe ser "irreprensible". Esta palabra indica que la iglesia debía tener una moralidad superior al de toda la población.

 PARA MEDITAR

Las recomendaciones de Pablo se aplicaban en aquellos días y también en los actuales. La provisión divina es una realidad; sin embargo, también es necesaria la provisión a favor de la familia. "Proveer", es una palabra compuesta por *"pro"* antes, y *"noeo"* pensar. Es decir, se requiere planear bien el sostenimiento presente y futuro de los de casa, aun cuando se disfrute de pensiones o seguridad social de los gobiernos. En ocasiones se observan cuadros tristes, que presentan los hijos "cristianos", cuando les pesa ayudar o sostener a sus viejos.

Un proverbio judío, que no esta en la Biblia, advertía sobre lo que a menudo ocurre entre las dos generaciones: "cuando los padres dan, los padres y los hijos se alegran; cuando los hijos dan, los padres y los hijos lloran". Es decir, cuando los padres sostienen y educan, todos está felices en el hogar; pero cuando llega el día en que los hijos "tienen" que ayudar o sostener a sus padres, éstos lloran cuando ven la actitud mezquina de los hijos.

Qué eso no suceda entre los cristianos. No olvidar nunca, quien **no provee para los suyos, y mayormente para los de su casa, ha negado la fe, y es peor que un incrédulo".**

5:9,10 "Sea puesta en la lista solo la viuda no menor de sesenta años, que haya sido esposa de un solo marido, ¹⁰que tenga testimonio de buenas obras; si ha criado hijos; si ha practicado la hospitalidad; si ha lavado los pies de los santos; si ha socorrido a los afligidos; si ha practicado toda buena obra".

- **Debía ser mayor de sesenta años.** En la cultura judía esta era la edad en la cual comenzaba la ancianidad. A las mujeres más jóvenes, Pablo les recomendaba que se volvieran a casar (v.14).
- **Que hubiera sido esposa de un solo marido.** Literalmente: *"mujer de un solo hombre".* (véase el 3:2 y el 12), no excluyendo a mujeres que por diversas circunstancias se hubieran casado varias veces (v.14; 1 Co 7:39). Tener una limitante de este tipo, privilegiaba la creencia judía de que la mujer le sería fiel al marido incluso después de la muerte de éste. Sin embargo, también es muy probable que haga referencia a una esposa fiel y buena que haya quedado viuda de joven y se haya vuelto a casar como el caso de Rut la moabita.
- **Con testimonio de buenas obras.** La relación positiva existente entre las acciones de una persona y sus palabras, acreditan o desacreditan la veracidad de sus dichos.
- **Si ha criado hijos.** Es muy probable que la expresión se refiera no tan solo a hijos propios, sino por las circunstancias de la época a aquellos que se considerarían como adoptados.

 NOTA HISTÓRICA

Se habla de una costumbre, en la que, al nacer un niño, era llevado a los pies de su padre; si el padre se inclinaba y lo tomaba en sus brazos significaba que lo reconocía como un hijo y se haría responsable de su crianza, sin embargo, si el padre se daba la vuelta, entonces quería decir que no lo reconocía y el futuro del pequeño sería incierto. Las niñas pudieran terminar en algún sitio de perdición y los varones como sirvientes o esclavos. Así que, es probable que la expresión "si ha criado hijos" se refiera a aquellas mujeres que de alguna manera "adoptaron" a alguno de esos pequeños.

- **Si ha practicado la hospitalidad.** Tal vez algo de lo más complicado es la hospitalidad. En esa época los hostales no eran lugares de buena fama, por tanto, el hecho de que una mujer abriera su casa para dar hospedaje a un viajero (tal vez, desde el tiempo en que vivía el esposo), significaba un "oasis" en medio del desierto y hablaba muy bien de esa familia.

- **Si ha lavado los pies de los santos.** Pablo está haciendo referencia al servicio por demás humilde que significaba lavar los pies de una persona, pues las sandalias eran abiertas y los pies se llenaban de polvo. En los hogares pudientes, ese trabajo era delegado al esclavo de menor rango dentro de la casa.

- **Si ha socorrido a los afligidos.** Puede referirse a los enfermos, a las personas con necesidades económicas o aun a los perseguidos por causa de su fe. Para ello se requería ser una persona valiente y generosa

- **Si ha practicado toda buena obra.** Esto implica todo aquello que no se haya mencionado, pero que habla de actitudes cristianas y de hábitos de servicio.

5:11-13 *"Pero viudas más jóvenes no admitas; porque cuando, impulsadas por sus deseos, se rebelan contra Cristo, quieren casarse, ¹²incurriendo así en condenación, por haber quebrantado su primera fe. ¹³Y también aprenden a ser ociosas, andando de casa en casa; y no solamente ociosas, sino también chismosas y entremetidas, hablando lo que no debieran".*

Las viudas jóvenes, posiblemente hacían votos para ser "esposas" de Cristo. Sin embargo, debido a los deseos propios de su edad o la necesidad de tener ayuda para criar a sus hijos, se retractaban de sus votos anteriores y decidían volver a casarse; viéndose delante de todos como personas que habían traicionado al Señor. Por lo que era mejor que las viudas jóvenes, fueran encaminadas a contraer nuevas nupcias, y no caer en la situación de hacer votos a la ligera y no ser luego capaces de cumplirlos. Era preferible que se dedicaran a cuidar un hogar debidamente casadas.

Al casarse evitaban ser ociosas, andar de casa en casa, *"chismosas y entremetidas, hablando lo que no debieran".*

> **PARA MEDITAR**
>
> La ociosidad es la madre de todos los vicios, una persona, una familia, una iglesia, un país, no pueden darse el lujo de estar ociosos. Muchos de los males que realiza el ser humano son producto de la ociosidad.

5:14-16 *"Quiero, pues, que las viudas jóvenes se casen, críen hijos, gobiernen su casa; que no den al adversario ninguna ocasión de maledicencia. ¹⁵Porque ya algunas se han apartado en pos de Satanás. ¹⁶Si algún creyente o alguna creyente tiene viudas, que las mantenga, y no sea gravada la iglesia, a fin de que haya lo suficiente para las que en verdad son viudas".*

Pablo repite su consejo de que las viudas jóvenes vuelvan a casarse. Redundaría en beneficios para ellas y para la iglesia. Era la mejor manera de que algunas no se apartaran de la congregación y evitaran caer en manos del enemigo.

Ya, en el versículo 3 de este capítulo se mencionó la indicación de que la iglesia pudiera organizar un "departamento de beneficencia" para viudas y huérfanos. Esto se aplicaba en los antiguos tiempos cuando la seguridad social no existía, pero aun hoy, el consejo paulino es válido para recomendar que los creyentes que tenga viudas en su familia, las mantengan, a fin de que la iglesia pueda ayudar a las que en verdad son viudas.

b. Para con los ancianos/obispos/pastores, 5:17-25

5:17,18 *"Los ancianos que gobiernan bien, sean tenidos por dignos de doble honor, mayormente los que trabajan en predicar y enseñar. ¹⁸Pues la Escritura dice: No pondrás bozal al buey que trilla; y: Digno es el obrero de su salario".* La Biblia NTV, lo dice así: "…no le pongas bozal al buey para impedirle que coma mientras trilla el grano…"

Aquí, como en otras partes de la Escritura, se les llama ancianos (u obispos) a los que hoy se llaman pastores. El apóstol indica que sean tenidos por dignos de doble honra, comparándolos con otros ministros o líderes locales que no dan todo su tiempo al cuidado de la grey. Esta doble honra, se refiere:
- Al sostenimiento económico (1 Co 9: 7-14). Aquí se ratifica el principio de sostener a los pastores para que se dediquen de tiempo completo. Posiblemente con los diezmos de los creyentes. Un comentarista expresa que la iglesia se componía inicialmente de judíos convertidos que estaban acostumbrados a diezmar, por lo que no fue necesario remarcarlo. (Mal 3:8-10; Mt 23:23).
- A la sumisión o respeto que se les debe brindar. (Heb 13:7; 1 P 5:5).

El Apóstol hace primeramente referencia a una cita del AT: Deuteronomio 25:4, en donde se indicaba que al buey que estuviera trabajando se le debería permitir comer todo lo que quisiera. Además, también cita las palabras dichas por el Señor Jesucristo en Lucas 10:7, donde insta a los setenta a comer, beber y posar en la casa donde fueren recibidos, pues eran dignos de recibir el salario por su trabajo. Estas referencias apoyan la postura paulina de sostener a los líderes de la iglesia, básicamente a los pastores.

5:19 *"Contra un anciano no admitas acusación sino con dos o tres testigos"*. El liderazgo implica una constante situación de exposición a diversas intrigas y calumnias, por parte de personas que no están de acuerdo con el estilo de dirigir, o con los métodos utilizados por el pastor para resolver los diversos asuntos. Una manera de "blindar" al anciano, la fija el Apóstol utilizando un principio mosaico mencionado en Números 35:30, en Deuteronomio 17:6 y en 19:15 y ratificado por el Señor Jesús en Mateo 18:16. Así como en otras epístolas del NT (2 Co 13:1; 1 Ti 5:19; He 10:28). Es decir, que toda acusación la deben sustentar dos o tres testigos, junto con el acusador. (la cultura griega también pedía testigos para cuestiones legales).

 TEXTO DE CARÁCTER ÉTICO

> Nunca se quisiera enfrentar estas situaciones, en que haya acusaciones sobre asuntos morales, administrativos o de cualquier orden. Pero si surgieren, el consejo apostólico está dado para bien del anciano acusado y para bien del debido orden y disciplina en la iglesia. Al pertenecer a una Denominación, ésta, por seguro, tiene lineamientos o normas de cómo proceder. Ya sea que la acción de investigación la realice el Cuerpo de Oficiales de la iglesia local o por parte de esa Organización.

5:20 *"A los que persisten en pecar, repréndelos delante de todos, para que los demás también teman".*

Es muy posible que Pablo hace referencia al procedimiento que Jesús estableció y que el Evangelio de Mateo 18:15-17 cita. De hecho, son tres pasos:

a) Una represión del ofendido, al agresor, individualmente.

b) Una represión al ofensor ante dos o tres testigos, pues no reaccionó ante la plática individual.

c) *Una represión delante de todos,* al no reaccionar, aún con los testigos presentes.

Este procedimiento inigualable del Señor Jesús ha probado ser muy eficaz y ha ayudado a resolver infinidad de problemas de las iglesias, pues se aplica a ministros y a creyentes.

NOTA DE CARÁCTER ÉTICO

> Se ha hablado muchas veces sobre los métodos adecuados para reprender a una persona, exponer su falta en público tal vez no sería lo más recomendable, hoy en día, por las implicaciones de las demandas (en los países donde funcionan). Sin embargo, en ocasiones es la mejor medicina para erradicar el pecado de la iglesia.

5:21 *"Te encarezco delante de Dios y del Señor Jesucristo, y de sus ángeles escogidos, que guardes estas cosas sin prejuicios, no haciendo nada con parcialidad".*

Evitar los prejuicios y actuar siempre con imparcialidad ante los desafíos que tiene que enfrentar todo líder de la iglesia, fue un buen consejo para Timoteo y lo ha sido en cualquier tiempo. Los prejuicios provocan que los juicios no sean justos, pues de antemano se tiene una posición, a veces sin haber escuchado las partes. La parcialidad da como resultado juicios injustos que dañan la imagen del pastor y también de la iglesia, pues son como un cáncer peligroso que se extenderá rápidamente, dañando a la familia del involucrado y a toda la congregación, aun con consecuencias fuera de la iglesia.

 NOTA DOCTRINAL

> La dependencia en el Espíritu Santo y la manifestación de los dones puede en un momento ayudar a dar un veredicto exacto sobre una controversia; por ejemplo, cuando alguna de las partes está mintiendo. El ministro debe depender del Espíritu Santo para emitir un juicio correcto sin ser parcial.

5:22 *"No impongas con ligereza las manos a ninguno, ni participes en pecados ajenos. Consérvate puro".* La Biblia NTV lo dice así: "Nunca te apresures cuando tengas que nombrar a un líder de la iglesia. No participes en los pecados de los demás. Mantente puro"

Imponer las manos a una persona, es para empoderarlo ante una congregación (o ante una Denominación). El darle autoridad implica que dicha persona se ha ganado la confianza, tanto del líder principal como de los demás miembros de la iglesia. La recomendación paulina marca la pauta para ser cuidadoso al escoger los líderes que ayudarán en el ministerio. Además, pueden observarse las siguientes recomendaciones:

- No ordenar precipitadamente a algún creyente, sin que antes haya dado muestra de madurez (Tito 1:1-9), y estudiado los cursos prescritos en un Instituto Bíblico. Hoy en día no se justifica improvisación, ni falta de preparación.

- Una ordenación precipitada a un cargo eclesiástico, haciendo caso omiso de las normas bíblicas, lleva la posibilidad ***de participar en pecados ajenos.***

- ***Conservarse puro,*** en este caso, es no participar en la elección u ordenación de alguien indigno para el cargo de pastor (Biblia Vida Plena Pg. 1745)

Pudiera esto último, también aplicarse a no participar de los pecados de otras personas. El pastor debe ser muy cauteloso en cuanto a marcar límites saludables para evitar ser partícipe de los pecados de otros, inclusive el simple hecho de no denunciar las faltas puede convertirle en cómplice. Desde luego, otra acepción de la indicación paulina es mantenerse puro en todos sentidos.

 PARA MEDITAR

> Es recomendable esperar un tiempo razonable para nombrar líderes en la iglesia a hermanos que proceden de otras congregaciones. Desde luego también a quienes nacieron en la iglesia, pero que aún no han dado el fruto que se espera de ellos. El liderazgo es un lugar de honor y no debe otorgarse a la ligera.

Tener lineamientos por escrito que marquen tiempo en la membresía y lo que se espera de una ética ministerial demostrada, ayudarán al ministro a llevar a cabo una administración adecuada de la congregación y también a conservar su pureza al no ser partícipe de pecados ajenos.

5:23 *"Ya no bebas agua, sino usa de un poco de vino por causa de tu estómago y de tus frecuentes enfermedades".*

Es importante destacar que Pablo preocupado por la salud de Timoteo le recomienda beber un poco de vino a causa de sus constantes enfermedades. No se trata de un permiso para todos, simplemente es un asunto de salud debido a la calidad del agua que se bebía en ese tiempo, especialmente en Éfeso. El consejo de Pablo indica que Timoteo era abstemio total y que era muy temeroso de guardar su testimonio. Nadie debe interpretar el consejo del Apóstol como un permiso para los creyentes.

Se cita de nuevo aquí lo dicho en 1 Timoteo 3:3,11

> **"no dados a mucho vino"**, es una ordenanza que ha sido mal interpretada, a fin de dar respaldo a la posibilidad de tomar "algo de vino". En muchos círculos cristianos, no pentecostales, hacen real esa práctica en sus fiestas y aún en la vida diaria, escuchando los anuncios mundanos de que el vino es medicinal, y aun tergiversando el consejo dado por Pablo a Timoteo, de que tomara un poco de vino a causa de sus enfermedades. (1 Tim 5: 23). Es claro que Timoteo no tomaba ninguna clase de vino, si no, Pablo no le habría dado ese consejo. El agua de Efeso, en donde era pastor, era alta en alcalinidad y le había dañado el estómago. En el versículo 3, Pablo marca a los obispos la orden de *"no dados al vino"*. Por extensión, aplicable a los diáconos.

5:24,25 *"Los pecados de algunos hombres se hacen patentes antes que ellos vengan a juicio, mas a otros se les descubren después. ²⁵Asimismo, se hacen manifiestas las buenas obras; y las que son de otra manera, no pueden permanecer ocultas".* La Biblia NTV traduce el v.25 así: "De la misma manera, las buenas acciones de algunos son evidentes. Y las buenas acciones que se hacen en secreto algún día saldrán a la luz".

Pablo trata aquí en una forma general el tema del pecado. En otras Epístolas profundiza en su descripción, por ejemplo, en Efesios Caps. 4: 17-32 y 5:1-18. Los pecadores tratarán siempre de ocultar su falta, pero cuando son descubiertos caen en descrédito. Esto puede aplicarse tanto a los creyentes, como a las personas fuera de la iglesia. El único que conoce las intenciones del corazón es Dios, pero es responsabilidad del liderazgo permanecer atento a la conducta de los creyentes.

El Apóstol recalca también el lado positivo de las acciones, es decir **las buenas obras**, o *acciones*, las cuales se deben hacer manifiestas en mucha mayor proporción que las negativas.

La salvación en Cristo implica la confesión del pecado y el genuino arrepentimiento. Eso es lo que trae la libertad al ser humano.

PRIMERA EPÍSTOLA A TIMOTEO

CAPÍTULO 6

Continuación… Deberes hacia los demás, 1 Ti 6:1-2

6:1 *"Todos los que están bajo el yugo de esclavitud, tengan a sus amos por dignos de todo honor, para que no sea blasfemado el nombre de Dios y la doctrina."*

El apóstol Pablo después de tratar temas familiares y personales, se enfoca ahora en el detestable tema de la esclavitud. Cuando se refiere a todos los *"que están bajo"* "ὑπό ζυγός" (hypo zygos), es una preposición que indica que están bajo autoridad. Cuando se habla de *"yugo de esclavitud"* se refiere al lazo que unía al esclavo con su amo en servidumbre y sujeción. Pablo le dice a Timoteo que *"tengan a sus amos por dignos de todo honor"*, pensando que tenían un amo que se preocupaba de que no les faltara nada y estaba atento a sus necesidades de comida, vestido y techo. Pero aun, cuando no fuera así, se esperaba que los esclavos creyentes debían dar buen testimonio manteniendo en orden las posesiones de su amo y sirviéndole en la mejor actitud. Posiblemente, pudieran tener amos malos y crueles.

Pablo quiere establecer principios para la vida y trabajo de los esclavos, que sabía eran muchos en esos tiempos y tardarían en liberarse, como ocurrió, infortunadamente después de muchos siglos. Con todo, tenían que mostrar respeto a su amo, ya que era la forma de honrar a Dios y dar testimonio de su encuentro con Jesucristo.

"Para que no sea blasfemado el nombre de Dios", en la cultura romana, se permitía la convivencia de personas libres con los esclavos, siempre y cuando estuvieran de acuerdo los habitantes de la región donde vivían. Así que Pablo está invitando a todos a mostrar una conducta digna para que los gentiles no difamaran el nombre de Dios, por la conducta de ellos. Pablo no deja fuera *"la doctrina"*, pues sabía que era necesaria la enseñanza bíblica, que les ayudaba a impregnarse de los principios establecidos por Dios, indispensables en el proceso de transformación de su vida como creyentes.

Desde luego que este es un tema controversial, en donde aun se ataca al cristianismo de apoyar formas de vida subyugantes. Tal vez ayude la siguiente reflexión.

Reflexión sobre la esclavitud: Muchos se preguntan, ¿por qué el cristianismo no se pronunció en contra del terrible sistema de la esclavitud? Sino que tan solo dio principios bíblicos de como sobrellevarlo.

1. Según datos que aparecen en muchos registros históricos, bajo las leyes del imperio romano, los esclavos constituían un tercio de la población, y tal vez más. Al grado que se ubicaban en los empleos y aun profesiones de esos tiempos, pues podían ser músicos, maestros (recuérdese a los pedagogos de Grecia, que eran esclavos educadores de los hijos de los ricos), artistas, contadores etc. Muchos preferían estar bajo un amo pues eso les aseguraba provisión y cuidado, mientras "los libres" vivían en pobreza.

2. A través de los siglos los esclavos se transformaron en sirvientes, con más libertades, pero sujetos a jornadas de esclavos. Todavía en la Inglaterra de la "era victoriana", se dice que la mitad de la población eran sirvientes, desempeñando trabajos viles y mal pagados. Fueron precisamente los ingleses y luego muchos países europeos quienes hicieron esclavos a miles de habitantes de los países del África y los trajeron a América del Norte y el Caribe, para que sirvieran en las plantaciones o abastecieran con granos a Europa. La resistencia para liberarlos llevó a la guerra civil encabezada por Abraham Lincoln. La historia cuenta que, con todo, miles prefirieron seguir con sus amos cristianos, quienes les brindaban trabajo, casa y comida.

3. "El NT en ningún lugar ataca directamente a la esclavitud, pues si lo hubiera hecho, las insurrecciones resultantes de esclavos habrían sido brutalmente aplastadas y el mensaje del evangelio confundido. En lugar de esto, el cristianismo atacó los males de la esclavitud al cambiar el corazón de los esclavos y sus amos". (B. MacArthur p. 1744). Léanse Gálatas 3:28; Efesios 6:9: Colosenses 4:1; 1 Timoteo 6:1, 2 y la Epístola a Filemón.

 PARA MEDITAR

> El cristiano como esclavo de Jesucristo debe mostrar una buena actitud y servicio hacia aquellos que no son creyentes. Todo cristiano debe caracterizarse por su buen comportamiento en el trabajo, no importando que sea rudo o sencillo; bien o mal remunerado, porque con esa actitud estará hablando del Señor. De hecho, la relación empleado-jefe, sustituye en tiempos modernos la relación esclavo-amo, (desde luego con todas leyes que rigen en el tiempo presente) en la que deben observarse los mismos principios bíblicos.

6:2 *"Y los que tienen amos creyentes, no los tengan en menos por ser hermanos, sino sírvanles mejor, por cuanto son creyentes y amados los que se benefician de su buen servicio. Esto enseña y exhorta."*

Pablo está haciendo una diferencia de amos al decir *"amos creyentes"*. La palabra amo en el griego era "δεσπότης" (despotēs), que tenía un significado fuerte, aunque un tanto menos que ahora, aunque era: "un gobernador absoluto". Así que, si el amo era creyente, significaba que era una persona a quien debía amar más y servir mejor por creer en Jesús. Por lo que el apóstol aconseja **"no lo tengas en menos... sino sírvanlos mejor.**

Esto implicaba que no debían abusar de su amabilidad y de su fe, ni pensar en contra de él, **"por ser hermano"**. La palabra griega para hermano es "adelfos", que se usaba para describir a los gemelos que vienen en una misma bolsa. Así los creyentes se transforman en "hermanos" porque fueron engendrados por el Espíritu del Señor y colocados "en el mismo vientre", en la misma bolsa de salvación junto al Señor Jesús.

Una hermosa caracterización del término "hermanos" tan usado entre los creyentes evangélicos y que nunca debe desparecer.

A los amos no creyentes, Pablo estaba indicando que les sirvieran bien. Cuánto más a quienes creían en Jesús, a quien debían servirlos mejor, recordando que eran de una misma fe **"por cuanto son creyentes y amados"**. Esta expresión aumenta la relación, porque eran también amados por Dios, por lo que insiste, denles un buen servicio, porque ellos **"se benefician de su buen servicio"**. Lo cual redundará en beneficio para todos.

"Esto enseña y exhorta", esta carta siendo pastoral, le ayuda a Timoteo a saber qué debe enseñar muchos principios "evangélicos" a las iglesias, pues la cultura romana no pasaría por alto un mal testimonio de parte de ellos, si esto no se manejaba correctamente. Por eso Pablo le reitera que lo que acaba de decir, con respeto a la actitud de los esclavos para con los amos creyentes y también con los no creyentes debe ser enseñado y practicado, para que se convierta en un estilo de vida.

 NOTA DE CARÁCTER ÉTICO

> Pablo establece principios para la vida diaria y el trabajo. El carácter es transformado a través de la doctrina, originando que el comportamiento del cristiano sea adecuado, de respeto y de estima hacia todos los que están en autoridad. Al mismo tiempo no se blasfemará el nombre de Dios, por un mal comportamiento.

Piedad y contentamiento, 1 Ti 6:3-10

6:3-5 *"Si alguno enseña otra cosa, y no se conforma a las sanas palabras de nuestro Señor Jesucristo, y a la doctrina que es conforme a la piedad, ⁴está envanecido, nada sabe, y delira acerca de cuestiones y contiendas de palabras, de las cuales nacen envidias, pleitos, blasfemias, malas sospechas, ⁵disputas necias de hombres corruptos de entendimiento y privados de la verdad, que toman la piedad como fuente de ganancia; apártate de los tales".*

El ambiente intelectual de la época estaba viciado por distintas filosofías. Quienes las apoyaban, intentaban muchas veces introducirlas a las iglesias que iban surgiendo. Esas enseñanzas no buscaban la exaltación del Señor, por el contrario, buscaban aumentar el ego del filósofo. Es ahí donde Pablo alerta a Timoteo que tenga cuidado con esas personas y sus enseñanzas, ya que podrían provocar una crisis en ellos -cristianos neófitos- y olvidar *"las sanas palabras de nuestro Señor Jesucristo, y a la doctrina que es conforme a la piedad."*

El Apóstol menciona algunas características de las personas con falsas doctrinas, tales como arrogancia, vanidad y el anhelo de ser glorificados por otros al compartir con elocuencia sus enseñanzas. Además de ello, no conocían la doctrina apostólica y trataban de discutir sobre asuntos que ignoraban. Lejos de lograr la unidad del cuerpo de Cristo, provocaban que surgieran *"envidias, pleitos, blasfemias, malas sospechas, disputas necias de hombres corruptos de entendimiento".* Cuando el centro de la vida es el hombre, sus ojos están puestos en el materialismo y en el humanismo, con todas sus variantes, dejando de lado todo lo que en verdad trasciende a la eternidad.

Aunado a lo anterior, *"... privados de la verdad, que toman la piedad como fuente de ganancia; apártate de los tales."*. Para ellos la iglesia era un lugar lucrativo, no se preocupaban por el crecimiento espiritual de la iglesia, o por enseñar sobre la santidad al pueblo, su verdadera intención era su propio provecho. Por consiguiente, la recomendación paulina es que Timoteo se apartara de ellos.

 PARA MEDITAR

En la actualidad las filosofías humanistas han plagado las iglesias, en muchos púlpitos se ha cedido el lugar a predicadores que se encuentran lejos de la cruz de Cristo y de la sana doctrina. Es tiempo de alertar al pueblo de Dios sobre este tipo de ideologías. Se debe tener especial cuidado con lo que se escucha y con lo que se ve. Es indispensable acercarse a una iglesia que esté preocupada por enseñar la sana doctrina, donde el libro de texto sea la Biblia y las predicaciones sean Cristo-céntricas.

6:6-8 *"Pero gran ganancia es la piedad acompañada de contentamiento; ⁷porque nada hemos traído a este mundo, y sin duda nada podremos sacar. ⁸Así que, teniendo sustento y abrigo, estemos contentos con esto".*

La teología paulina deja en claro dos actitudes sobresalientes en el cristianismo que caracterizan los valores intrínsecos del ser humano, *"la piedad acompañada de contentamiento".* La piedad es producto de la devoción al Señor, ésta se refleja en el testimonio visto por todos. De igual manera el contentamiento no se refiere a la pobreza o a la mediocridad, sino que está enfocado a la satisfacción y felicidad de vivir con lo que se tiene. No que sea pecado desear progresar, sino que no es el fin principal acumular bienes o dinero.

La única certeza que debe tener todo ser humano es que algún día morirá. Las personas acumulan bienes y riqueza que en algún momento dejarán a otros porque no podrán ellos disfrutarlos pues su tiempo en este mundo se acabó. Pablo le recuerda a Timoteo que *"**nada hemos traído a este mundo, y sin duda nada podremos sacar**"*. Eso implica que el ser humano no debe preocuparse solo por la búsqueda de bienes terrenales, sino que su mirada debe estar fija en lo eterno y todo lo que haga debe sincronizarse con ese enfoque. Así debe enseñarlo a la familia y en la iglesia.

La humanidad ha formulado una enorme lista de necesidades de "bienes y servicios", sin embargo, para el Apóstol son dos cosas esenciales *"**sustento y abrigo**"*. El Señor Jesús habló sobre el afán y la ansiedad englobando todo lo anterior: *"Mirad también por vosotros mismos, que vuestros corazones no se carguen de glotonería y embriaguez y de los afanes de esta vida, y venga de repente sobre vosotros aquel día"*(Lc 21:34).

6:9,10 *"**Porque los que quieren enriquecerse caen en tentación y lazo, y en muchas codicias necias y dañosas, que hunden a los hombres en destrucción y perdición;** ¹⁰**porque raíz de todos los males es el amor al dinero, el cual codiciando algunos, se extraviaron de la fe, y fueron traspasados de muchos dolores**"*.

*"**Porque raíz de todos los males es el amor al dinero**"*. Se debe resaltar esta declaración y entenderse perfectamente. Se dice que el Señor Jesús le dio marcada importancia a dos temas: el dinero y el infierno. El enfoque de Pablo diciendo que es *el amor al dinero,* lo que daña, contribuye a precisar lo negativo. El Señor Jesús ante el joven rico que no lo siguió, expresó: ¡***Cuán difícilmente entrarán en el reino de Dios los que tienen riquezas***! (Lc 18:24), seguramente pensando en "el amor" prevalente en los individuos, que es superior a la disposición para seguir y servir a Jesús. Por todo lo que eso representa.

> "Entre los judíos del NT prevalecía el concepto de que ser rico, indicaba el favor especial de Dios y que ser pobre era señal de falta de fe y desaprobación de Dios. Los fariseos se burlaban de Jesús por su pobreza (Lc 16:14). Aunque ese concepto equivocado se repite en la historia de la iglesia cristiana, Cristo lo rechaza con firmeza (Lc 6:20; 16:13; 18:24,25)". Biblia Vida Plena p.1428.

Por eso también las palabras de Pablo son enérgicas y suficientemente claras: *"**Porque los que quieren enriquecerse caen en tentación y lazo, y en muchas codicias necias y dañosas, que hunden a los hombres en destrucción y perdición;***

La palabra *"**lazo**"*, es equivalente a *trampa*. Es decir, el afán por las riquezas equivale a una trampa de la cual es muy difícil escapar. Inclusive, algunas personas pierden su salud o la vida por trata de acumular riquezas, que al final de sus días simplemente les servirá de perdición.

"el amor al dinero, el cual codiciando algunos, se extraviaron de la fe, y fueron traspasados de muchos dolores.". No olvidar que, "no codiciar" es el décimo mandamiento (Éxodo 20:17). En detalle, éste expresa que no se deben codiciar propiedades, personas, animales y cosas. El dinero o riqueza envuelve todo eso, que tristemente puede impedir a los cristianos que vivan vidas plenas, o lo más triste, se aparten de la fe. Pablo amplia el tema, más adelante en los versículos 17-19.

 PARA MEDITAR

> El enemigo siempre está construyendo trampas para destrucción del ser humano. El Señor Jesucristo mencionó que donde estuviera el tesoro del hombre, ahí estaría su corazón (Mt 6:21). El cristiano debe preguntarse cuando goza de riquezas, qué propósitos mayores existen y poner esos recursos a los pies del Señor. Sostener ministerios, comenzando con su pastor, ayudar a levantar templos, apoyar las misiones y los misioneros; y hacer bien, mayormente *"a los de la familia de la fe"* (Gálatas 6:10).

La buena batalla de la fe, 1 Ti 6:11-19

6:11,12 *"Mas tú, oh hombre de Dios, huye de estas cosas, y sigue la justicia, la piedad, la fe, el amor, la paciencia, la mansedumbre. ¹²Pelea la buena batalla de la fe, echa mano de la vida eterna, a la cual asimismo fuiste llamado, habiendo hecho la buena profesión delante de muchos testigos."*

Es de suma importancia lo que Pablo le dice a Timoteo: *"hombre de Dios, huye de estas cosas.".* En muchas situaciones le dice en sus cartas que las enfrente o pelee con decisión y valor (2 Ti 1:6). Aquí, al igual que en 2 Timoteo 2:22, da la enérgica directriz de huir: *"huye también de las pasiones juveniles".* Porque tiene la convicción de que, si no se huye ante la inclinación a las riquezas y no se huye de los deseos pecaminosos, la persona va a sucumbir.

Seguir: *"la justicia la piedad, la fe, el amor, la paciencia, la mansedumbre."* tiene que ver con las relaciones personales de Timoteo con la gente a la que va a servir continuamente, por lo que debe cultivar y desarrollar esas cualidades.

Nótese que en la recomendación que sigue, sí le dice a Timoteo que luche: *"pelea la buena batalla de la fe"*, "Pelear" procede del verbo griego que significa "agonizar" con el sentido de "esforzarse intensamente", perseverar en la fidelidad a Cristo y contender con los adversarios del evangelio (B.de Est. Pentecostal, ahora Biblia Vida Plena Pg.1746).

"Echa mano de la vida eterna, a la cual asimismo fuiste llamado". Es decir que viviera y ministrara con una perspectiva celestial y eterna. Que recordara que *"nuestra ciudadanía está en los cielos"* (Fil 3:20), *"habiendo hecho la buena profesión delante de muchos testigos.",* seguramente se refiere a cuando hizo confesión pública de su fe en el Señor Jesucristo (Hch 16: 1-3) y cuando fue ordenado al ministerio (1Ti 4:14 y 2 Ti 1:6).

PARA MEDITAR

El fruto del Espíritu Santo, se revela precisamente en el carácter cristiano; el hombre de Dios debe producirlo día a día. De las nueve manifestaciones del fruto, (Gálatas 5:22,23) cuatro son mencionadas por Pablo en este pasaje, lo que habla de la importancia del carácter que debe desarrollar el ministro.

6:13-16 *"Te mando delante de Dios, que da vida a todas las cosas, y de Jesucristo, que dio testimonio de la buena profesión delante de Poncio Pilato, ¹⁴que guardes el mandamiento sin mácula ni represión, hasta la aparición de nuestro Señor Jesucristo, ¹⁵la cual a su tiempo mostrará el bienaventurado y solo Soberano, Rey de reyes, y Señor de señores, ¹⁶el único que tiene inmortalidad, que habita en luz inaccesible; a quien ninguno de los hombres ha visto ni puede ver, al cual sea la honra y el imperio sempiterno. Amén."*

Pablo recuerda la actitud valiente del Señor Jesús, que jamás se abstuvo de declarar que Él era Rey y Mesías, ante el representante del César Romano, ante Herodes y ante los líderes religiosos (Juan 18:19-37). Así Timoteo es instado a guardar *"el mandamiento sin mácula ni represión,* es decir, toda la Palabra de Dios revelada; volviendo a decirlo en el versículo 20 ya para terminar la carta, "Oh Timoteo, guarda lo que se te ha encomendado".

Una de las cuatro doctrinas cardinales de la iglesia

"hasta la aparición de nuestro Señor Jesucristo". Los apóstoles del NT animaban a los creyentes de su generación a que esperaran el inminente regreso del Señor durante su vida (Fil 3:20; 1 Ts 1:9,10; Tito 2:13; Heb 9:28). "Inminente" quiere decir: en cualquier momento. Ese momento, también es llamado: "La bendita esperanza" (1 Co 15:51,52; 1 Ts 4:16,17; Tito 2:13). Jesús así lo enseñó en Mateo 24:42,44 y 25:13. Las Asambleas de Dios y la gran mayoría de las iglesias suscriben esta doctrina.

"el bienaventurado y solo Soberano, Rey de reyes, y Señor de señores, el único que tiene inmortalidad, que habita en luz inaccesible; a quien ninguno de los hombres ha visto ni puede ver, al cual sea la honra y el imperio sempiterno. Amén."

 NOTA DOCTRINAL

El apóstol Pablo inspirado por el Espíritu Santo hace una declaración sobre Dios el Padre. Usa el título de **Rey de reyes, y Señor de señores,** que en Apocalipsis 17:14 y 19:16 se aplica al Señor Jesucristo, lo cual maravillosamente enfatiza su deidad. Toda esta declaración expresa la trascendencia de Dios, superior a todo lo creado, con una existencia perfecta y pura, que mostró su profundo amor hacia el mundo, en la persona de su Hijo. El Padre se manifiesta en las personas que se arrepienten de sus pecados y viven por la fe en su Hijo (Is 57:15; Mt 10:31,32; Ro 8:28; Gá 2:20).

 PARA MEDITAR

No olvidar el privilegio que Dios les ha dado a los ministros de ser llamados a realizar una obra sobrenatural en el poder del Espíritu Santo. Uno de los engaños más grandes del enemigo es hacer creer a la iglesia que el Señor no vendrá, que Dios se ha olvidado de su pueblo y que el Espíritu Santo no habita en el creyente. Sin embargo, la grande responsabilidad del ministro es recordarle constantemente a la iglesia la veracidad de las Sagradas Escrituras y que la iglesia debe permanecer irreprensible hasta la venida de del Señor Jesús.

6:17-19 *"A los ricos de este siglo manda que no sean altivos, ni pongan la esperanza en las riquezas, las cuales son inciertas, sino en el Dios vivo, que nos da todas las cosas en abundancia para que las disfrutemos. ¹⁸Que hagan bien, que sean ricos en buenas obras, dadivosos, generosos; ¹⁹atesorando para sí buen fundamento para lo por venir, que echen mano de la vida eterna".*

Pablo no condena a los que son ricos en posesiones materiales, a aquellos que tienen más que *"sustento y abrigo"* como expresó en el versículo 8. Ni los exhorta a que se deshagan de sus bienes, sino a que los usen debidamente. *¹⁸Que hagan bien, que sean ricos en buenas obras, dadivosos, generosos;* (Dt 8:18; 1 S 2:7; 1 Cr 29:12). *"Las riquezas y la gloria proceden de ti, y tú dominas sobre todo"*, reconoció Salomón en 1 Crónicas 29:12. Por lo tanto *que no sean altivos, ni pongan la esperanza en las riquezas, las cuales son inciertas,*

En la iglesia del primer siglo también había ricos, no todos los miembros eran pobres, lo cual implicaba que ellos comprendieran la grande responsabilidad que tenían con ellos mismos y con los demás. Personas con esas características siempre son bendición para el cuerpo de Cristo.

La altivez, es una mala actitud que se define como "tener una opinión exaltada de uno mismo" que trae como consecuencia el menosprecio hacia las personas que tienen menos recursos económicos. La altivez generalmente deriva en orgullo. Proverbios 18:11 declara: *"el hombre rico es sabio en su propia opinión"*

Recordar que tanto ricos como pobres pueden atravesar por circunstancias difíciles, por lo que deben tener puesta su vista en Jesús y en sus promesas. Es decir *que echen mano de la vida eterna.*

Encargo final de Pablo a Timoteo, 1 Ti 6:20-21

6:20,21 *"Oh Timoteo, guarda lo que se te ha encomendado, evitando las profanas pláticas sobre cosas vanas, y los argumentos de la falsamente llamada ciencia, la cual profesando algunos, se desviaron de la fe. La gracia sea contigo. Amén".*

Timoteo, el hijo espiritual y colaborador de Pablo tiene un lugar muy especial en el corazón del Apóstol, la forma en que le ha escrito es similar a la forma como le habla un padre a su hijo. Ahora la recomendación apremiante es que "guarde" lo que se le encomendó. Por cuarta vez, Pablo encarga a Timoteo que guarde la fe que se le ha confiado, es decir la doctrina (1:18,19; 4:6-11; 6:13-16; 6:20).

El Espíritu Santo ha encomendado el evangelio de Cristo a todos los creyentes. En la segunda Carta, Pablo le dirá: *"Retén la forma de las sanas palabras que de mí oíste, en la fe y el amor que es en Cristo Jesús. Guarda el buen depósito por el Espíritu Santo que mora en nosotros"* (2 Ti 1:13,14).

El joven pastor de Éfeso debe evitar perder su tiempo en pláticas que no contengan un interés relevante para el evangelio, pudiendo aun disfrazarse con argumentos de conocimiento humano, pero que muchas veces caen en el terreno de lo profano.

"los argumentos de la falsamente llamada ciencia". La palabra ciencia aquí, no debe entenderse como en otras citas bíblicas (como bien se usa en Daniel 12:4), en donde se refiere a "un cúmulo de conocimientos sobre las cosas, hechos o fenómenos, obtenidos mediante el estudio y la observación de sus principios y causas". Ciencia, se deriva del latín scientia=conocimiento, saber.

En la declaración paulina, "ciencia" tiene un sentido peyorativo y se refiere a la doctrina falsa, a todo lo que se afirme como verdad y termina siendo mentira. Llámese gnosticismo o agnosticismo, o también otros enfoques errados como la astrología, docetismo, misticismo, teosofía. etc.

Lamentablemente algunos creyentes habían sido seducidos por los encantos del "conocimiento". A ellos les parecía que la argumentación a través de las palabras era mejor que lo que se les había enseñado por el Apóstol. El enemigo tratará de desviar la atención de los ministros y creyentes con pláticas que confundan. Es mucho mejor evitar a tales personas y mantener la práctica de honrar a Dios en toda conversación.

Timoteo tenía la encomienda de estar recordando a la iglesia los principios doctrinales que ya se podían leer en los evangelios existentes y en las otras cartas paulinas. Al despedirse Pablo en esta primera Epístola le recuerda a Timoteo que su ministerio debe descansar totalmente en la gracia del Señor.

SEGUNDA EPÍSTOLA DEL APÓSTOL PABLO A TIMOTEO

Escritores
Pbra. Raquel Rivera Jiménez
Pbro. Ernesto Balcázar Contreras
Pbra. L. Cristina Jiménez Barcelis
Pbra. Narahí Palomino Maldonado
Pbro. Rosario Gómez Álvarez

Editores
Pbra. Raquel Rivera Jiménez
Pbro. Luis Fernando Caballero C.
Rev. David L. Aguillón

Editor General
Dr. Teófilo J. Aguillón

Diseño y relaciones públicas
Joel Aguillón
Rubén D. Aguillón
Eduardo Canché V.
Kelly G. Palomino

INTRODUCCIÓN

Esta es una de las tres "epístolas pastorales" del Apóstol Pablo, llamadas así, por haber sido dirigidas a un individuo en lugar de una congregación (algunos comentaristas las llaman también "epístolas apostólicas). Escrita aproximadamente entre los años 67-68 d.C. cuando estaba detenido en Roma por segunda ocasión, acompañado sólo por Lucas (2 Ti 4:11) con poca esperanza de escapar de una ejecución.

La segunda carta a Timoteo, a quien Pablo llama *"su fiel amigo y colaborador"*, es la última epístola escrita por el Apóstol. Fue enviada desde la prisión de Roma, en donde sabía que *"el tiempo de su partida estaba cercano"*. Timoteo, cuyo padre era griego y su madre hebrea, se había convertido bajo el ministerio de Pablo en su primer viaje misionero. Con los años, después de acompañar al "Apóstol de los gentiles" en sus viajes y fundación de iglesias, llegó a ser el pastor de la iglesia de Éfeso. Como su mentor y padre espiritual que era, le escribe esta segunda importante carta al joven pastor, animándole a continuar su ministerio en Éfeso, a pesar de la oposición y dándole una serie de recomendaciones que trascendieron y son aplicables en los tiempos presentes.

Esta misiva cobra un valor inigualable pues la escribe un sentenciado a muerte, es una carta de despedida, pero a su vez de ánimo, para que continúe Timoteo sin desmayar. Es el traspaso de la antorcha a un representante de la siguiente generación, para que avance con denuedo, contando entre otras cosas, con recursos bíblicos producto de las mismas cartas paulinas que ya circulan por toda la Región y se estudian en múltiples iglesias. Una experiencia acumulada en el ministerio de la predicación y enseñanza de la Palabra de Dios.

Aquí, en esta carta se agregan un buen número de normas para la administración de la iglesia y puntos importantes sobre conducta y de doctrina, entre otros:

- La salvación por la gracia salvadora de Dios (1:9, 10; 2:10)
- La persona de Cristo (2:8; 4:1,8)
- El don de la perseverancia (2:11-13)
- La declaración fundamental sobre la inspiración de las Escrituras (3:16,17)

Exhortaciones breves, muy importantes

- Que avives el fuego del don de Dios 1:6
- No te avergüences de dar testimonio de nuestro Señor 1:8
- Participa de las aflicciones por el evangelio 1:8
- Retén la forma de las sanas palabras 1:13
- Esfuérzate en la gracia 2:1
- Lo que has oído de mí…esto encarga a hombres fieles 2:2
- Sufre penalidades como buen soldado 2:3
- Procura presentarte a Dios aprobado 2:15
- Usa bien la palabra de verdad 2:15
- Evita profanas y vanas palabrerías 2:16
- Huye de las pasiones juveniles 2:22
- Persiste en lo que has aprendido 3:14
- Predica la palabra 4:2
- Haz obra de evangelista 4:5

Reseña histórica-geográfica

La evidencia interna de esta carta muestra la posibilidad de que Pablo fue liberado de su encarcelamiento en Roma y al fin pudo realizar un viaje a España (Romanos 15:24,28). Más tarde, de vuelta en Creta, Pablo dejo a Tito allí (Tito 1:5). Después viajó a Mileto, donde se quedó enfermo Trófimo (2 Timoteo 4:20), y fue desde esa ciudad que Pablo envió a Timoteo a que se encargara de la iglesia de Éfeso.

Pablo viajo al norte como había anhelado desde hacía mucho tiempo; pasando por las costas del mar Egeo hasta Troas, haciendo una parada "en casa de Carpo"(2 Timoteo 4:13), y por fin llegó a Filipos donde probablemente escribió 1 Timoteo. De allí, se acercó a Nicópolis lugar desde donde le escribió a Tito y posiblemente donde fue detenido y llevado preso otra vez a Roma para su ultimo encarcelamiento y ejecución.

La Carta contiene estos versículos claves:

2 Timoteo 2:3, *"Tú, pues, sufre penalidades como buen soldado de Jesucristo"*.

2 Timoteo 3:14, *"Pero persiste tú en lo que has aprendido y te persuadiste, sabiendo de quién has aprendido"*.

2 Timoteo 4:2, *"que prediques la palabra; que instes a tiempo y fuera de tiempo; redarguye, reprende, exhorta con toda paciencia y doctrina"*.

Esta carta muestra un tono muy personal que refleja el cuidado cariñoso de un ministro maduro, quien desea aconsejar al pastor joven, advirtiéndole de las amenazas que enfrentaría ministerialmente, ya que en la década de los años 60 al 70 d.C., la iglesia cristiana sufría cambios radicales por dentro y por fuera. Al convertirse gentiles con diversos trasfondos paganos y que de alguna manera traían sus creencias y costumbres a las nacientes iglesias, surgían herejías, que obligaban a los dirigentes a establecer normas de conducta, con un fuerte contenido doctrinal. Por ello las cartas paulinas cubrieron una necesidad muy importante, junto a las Epístolas de Pedro, Santiago y Hebreos, que fueron contemporáneas y los Evangelios que ya circulaban.

Este desarrollo en la iglesia resultó más difícil por el hecho de que las condiciones no eran uniformes en las diversas regiones. Es decir, las amenazas de Roma en Éfeso y en Creta eran diferentes a las de otras localidades. Por esta razón, la segunda Epístola a Timoteo debe interpretarse a la luz de los problemas de Pablo con las iglesias en Roma, punto de origen de la carta, así como las situaciones que Timoteo enfrentaba en la iglesia de Éfeso.

Breve Bosquejo

A. **Introducción (1:1-5)**
   1. Saludo (1:1-2)
   2. Gratitud al señor (1:3)
   3. Anhelo de ver al discípulo (1:4)

4. Elogio de la familia (1:5)

B. **Exhortaciones a seguir su ejemplo (1:6-14)**
   1. Mantenerse firme (1:6,7)
   2. Mantener su posición y llamamiento (1:8-12)
   3. Retener la palabra (1:13,14)

C. **Informe de su situación personal (1:15-18)**
   1. El abandono en el que se encontraba (1:15)
   2. Reconocimiento y bendicion a Onesíforo (1:16-18)

D. **Instrucciones especiales (2:1-22)**
   1. Tres metáforas que hablan de la perseverancia. (2:3-6)
      a. El soldado (2:3,4)
      b. El atleta (2:5)
      c. El labrador (2:6)
   2. Énfasis en los temas de la salvación, resurrección, fe y vida eterna. (2:7-14)
   3. Instrucciones en la práctica de su ministerio. (2:15-26)
      a. Preséntate aprobado (2:15)
      b. Apártate de los que se desvían de la verdad. (2:16-20)
      c. Mantén tu vida limpia (2:21,22)
      d. Enseña con amabilidad y mansedumbre (2:23-26).

E. **Advertencia contra los falsos maestros y los peligros de la apostasía (3:1-4:5)**
   1. Tiempos peligrosos (3:1-9)
   2. Medios para combatir las herejias. (3:10-14)
   3. La eficacia de las sagradas escrituras (3:15-17)

F. **Peticiones del sentenciado (4:1-14)**
   a. Predica siempre (4:1-5)
   b. Peticiones desde su corazón (4:6-13)

G. **Saludos finales (4:14-22)**
   1. Alejandro el caldero le causo males (4:14-15)
   2. En medio del abandono, solo Dios estuvo con él. (4:16-18)
   3. Envía saludos a Priscila, Aquila y Onesíforo. (4:19)
   4. Informa el estado de Erasto y Trófimo (4:20)
   5. Insistencia sobre visita de Timoteo (4:9 y 21)
   6. Saludos de parte de Eubulo, Pudente, Lino, Claudia y de todos los hermanos (4:21)
   7. Saludo final (4:22)

SEGUNDA EPÍSTOLA A TIMOTEO

CAPÍTULO 1

Salutación, 1:1, 2

1:1,2. *"Pablo, apóstol de Jesucristo por la voluntad de Dios, según la promesa de la vida que es en Cristo Jesús, ²a Timoteo, amado hijo: Gracia, misericordia y paz, de Dios Padre y de Jesucristo nuestro Señor".*

Con la intención de dejar constancia de su autoría de la presente carta, Pablo se presenta ante Timoteo, asumiendo su posición de apóstol de Jesucristo. En su calidad de apóstol reconoce ser un enviado de Jesús, obedeciendo la **voluntad de Dios,** con un poderoso mensaje que incluye **la promesa de la vida** eterna que solo se tiene **en Cristo Jesús.**

Su destinatario principal es **Timoteo,** su **amado hijo,** que se encontraba en Efeso, como pastor y su representante apostólico (2 Ti 1:3). Pablo conoció a Timoteo, en su primera visita a la ciudad de Listra en Asia Menor, llevándolo a las plantas del Señor. Así, Pablo puede llamarlo su *amado hijo,* porque era su hijo espiritual en la fe de Jesucristo. La bendición inicial resalta un aspecto de la redención, la gracia (o *charis* en griego). Ya que *"por gracia sois salvos"* (Ef 2:8), junto a los maravillosos efectos de dicha redención, a saber, la misericordia y la paz. (*eirene* en griego) como un resultado de ser *"justificados ... por la fe",* a fin de encontrar *"paz para con Dios"* (Ro 5:1).

Testificando de Cristo, 1:3-18

1:3-7 *"Doy gracias a Dios, al cual sirvo desde mis mayores con limpia conciencia, de que sin cesar me acuerdo de ti en mis oraciones noche y día; ⁴deseando verte, al acordarme de tus lágrimas, para llenarme de gozo; ⁵trayendo a la memoria la fe no fingida que hay en ti, la cual habitó primero en tu abuela Loida, y en tu madre Eunice, y estoy seguro que en ti también.*

⁶Por lo cual te aconsejo que avives el fuego del don de Dios que está en ti por la imposición de mis manos. ⁷Porque no nos ha dado Dios espíritu de cobardía, sino de poder, de amor y de dominio propio".

Doy gracias a Dios, la raíz griega de la palabra gracias es *Charis*, cuyo significado es regalo, dar gracias implicaría dar regalos en muestra de reciprocidad a Dios por su don inefable. El apóstol evoca ejemplos que influyeron en su servicio a Dios: ***mis mayores***, y una vida disciplinada, ***limpia conciencia***. Aunque Pablo no esté aludiendo precisamente a la religión del judaísmo, sino, más bien a las actitudes de servicio mostradas por sus antepasados. Como creyente devoto y siervo dedicado, el apóstol oraba de ***noche y de día***, (Sal 55: 16-18) sin faltar la intercesión a favor de su hijo en la fe.

Deseando verte (Gr. *Epipotheo*), como un anhelo vehemente, no un mero formalismo o cumplido, sino una verdadera urgencia, la cual se puede confirmar en su insistencia al final de la carta: *"procura venir pronto a verme"* y *"procura venir antes del invierno"* (4:9,21). Ya que Pablo, preso en Roma no podría ir a Timoteo; sus esperanzas son que éste venga a verlo. ***"Al acordarme de tus lágrimas"***, probablemente alude al evidente sufrimiento de Timoteo al ver al apóstol bajo su primer arresto, de modo que ver su rostro nuevamente le llenaría de gozo.

Trayendo a la memoria, señala un ejercicio mental voluntario, para nada extraño en Pablo, ya que dichos pensamientos son para él, gratificantes a la vez que edificantes. Este ejercicio del pensamiento es muy recomendable para todo creyente y Pablo así lo cree al decir *"todo lo que es verdadero, todo lo honesto, todo lo justo, todo lo puro, todo lo amable, todo lo que es de buen nombre; si hay virtud alguna, si algo digno de alabanza, en esto pensad"* (Fil 4:8).

Habrá seguramente recuerdos de la vida impía y desde luego, tristeza por ello, pero el creyente ha de tener una mente renovada (Ro 12:2) nutrida de positivos pensamientos. Lo gratificante en dichos recuerdos acerca de Timoteo era su ***fe no fingida***, o una fe sin hipocresía, la misma que había sido una gloriosa herencia para la eternidad, de parte de su abuela Loida, que se transmitió a su madre Eunice y también a él. "La "fe" de la madre y de la abuela de Timoteo era una fe judía que fue transformada gloriosamente por el evangelio (Hechos 16:1-3)". No se sabe si Pablo las ganó en su primer viaje o los hermanos que se convirtieron, hicieron un buen trabajo con la familia.

 PARA MEDITAR

La mejor herencia que podemos entregar a nuestros hijos y nietos, será una fe genuina, digna de imitar. Qué mayor motivo de gozo para los padres y abuelos cristianos, ver los frutos de nuestro testimonio en ellos.

1:6 Al recorrer el pasado mediato de Timoteo, Pablo lo lleva a revivir el valor de su llamamiento divino, de ahí la expresión ***por lo cual te aconsejo***, la palabra aquí usada para ***aconsejo*** es *anamimnesko* en griego, su significado es recordar, por lo que se puede entender que Pablo estaba recordando una recomendación ya dada con anterioridad en la primera carta al hijo amado, *"no descuides el don que hay en ti"* (1Ti 4:14).

Que avives, significa concretamente avivar o volver a encender un fuego, y ha de entenderse en el sentido figurado de atizar las brasas para que el fuego siga ardiendo. El fuego aludido es **el don de Dios**, que es "la gracia espiritual recibida para su cargo ministerial ya sea en su ordenación original o en su consagración para el cargo particular de superintendente de la iglesia efesia". (ya se observa el surgimiento de rangos, en donde posiblemente la palabra "obispo" comenzó a usarse para un supervisor).

 NOTA DOCTRINAL

"Que avives el fuego del don de Dios". Resalta el hecho de que los dones y el poder que el Espíritu Santo otorga, no permanecen fuertes y vitales de por sí. Deben ser avivados por la gracia de Dios mediante la oración, la fe, la obediencia y la diligencia. (B.Est. Pent. Pg. 1750)

Pablo reafirma su liderazgo espiritual sobre Timoteo, probablemente con el objeto de respaldar el ministerio de éste, dando a entender que Timoteo no se autodesignó como ministro de la iglesia, sino por ***"la imposición de mis manos"***. La imposición de manos aquí citada estaba revestida de carácter oficial, ya que fue efectuada por un cuerpo plenamente identificado y reconocido por la iglesia, *"el presbiterio"* (1Tim 4:14); y con un sentido de elevada espiritualidad.

1:7 Para imprimir mayor fuerza al consejo anterior, Pablo advierte a Timoteo: si sientes cobardía, esta no viene de Dios, ***porque no nos ha dado Dios espíritu de cobardía***. Se escribe espíritu con "e"minúscula aquí, lo cual hace una distinción entre el espíritu humano y el Espíritu Santo. El espíritu "representa el temperamento dominante que controla a uno en cualquier tiempo determinado (i.e., espíritu de pena, espíritu de ira)".

De modo que el espíritu que Dios ha puesto en nosotros es el correcto y necesario para realizar nuestro servicio. Nos ha provisto ***de poder*** (Gr. *Dynamis*, usado también en el término "dinamita") que describe la capacidad de llevar cualquier cosa a cabo, esta es la misma palabra usada en Hechos 1:8, al decir *"recibiréis poder"*, dicho poder, es necesario para ser testigos valientes de Jesucristo. El ***amor*** es necesario para testificar con fidelidad el evangelio a aquellos que se encuentran en tinieblas; la palabra griega usada es *ágape*, que se usa por excelencia en referencia al amor de Dios y de sus hijos.

La palabra *sofronismós*, traducida del griego como ***dominio propio***, denota prudencia o moderación, virtud por demás necesaria en la vida diaria del creyente.

1:8,9 *"Por tanto, no te avergüences de dar testimonio de nuestro Señor, ni de mí, preso suyo, sino participa de las aflicciones por el evangelio según el poder de Dios, ⁹quien nos salvó y llamó con llamamiento santo, no conforme a nuestras obras, sino según el propósito suyo y la gracia que nos fue dada en Cristo Jesús antes de los tiempos de los siglos".*

Después de hacerlo consciente del equipamiento con que Dios lo ha dotado, Timoteo es desafiado a no avergonzarse de dar testimonio de Jesucristo. Pablo que había experimentado aflicciones por causa del evangelio de Jesucristo, y que continuaba padeciéndolas, sabía que el joven Timoteo pasaría por circunstancias parecidas. El propósito del apóstol es que Timoteo honre al Señor siendo testigo fiel, además de honrar la inversión del apóstol, (*ni de mi, preso suyo*) encarcelado por la causa del Señor. Agradecer que fue Dios quien los *salvó y llamó con llamamiento santo*, lo cual da garantía de respaldo en todas las circunstancias.

Aparte de la salvación, *el llamamiento* (gr. Kaleo) implica un designio, no un accidente o equivocación por emocionalismo, sino una misión personal, y, es santo en naturaleza por venir de Dios. Es imposible para Pablo aislar sus fundamentos doctrinales y separarlos como unidades independientes; esto se ve reflejado en las afirmaciones siguientes: *no conforme a nuestras obras, sino según el propósito suyo,* reafirmando en esto la naturaleza de la salvación que es por fe y no por obras (Efesios 2:8), todo esto conforme al plan soberano de Dios; *y la gracia que nos fue dada en Cristo Jesús, antes de los tiempos de los siglos,* (Efesios 1:3-5) descartando la creencia de que las obras eran los méritos necesarios para la salvación, reiterando que ésta es la gracia que Dios nos dio *conforme al propósito eterno que hizo en Cristo Jesús nuestro Señor* (Efesios 3:11).

1:10,11 *pero que ahora ha sido manifestada por la aparición de nuestro Salvador Jesucristo, el cual quitó la muerte y sacó a luz la vida y la inmortalidad por el evangelio, ¹¹del cual yo fui constituido predicador, apóstol y maestro de los gentiles".*

Aquella gracia dada en Cristo desde la eternidad, que, sin embargo, había permanecido velada para los hombres, *ahora ha sido manifestada* o hecha visible, literalmente en la encarnación o *en la aparición de nuestro Salvador Jesucristo; el cual quitó la muerte,* se refiere a la muerte espiritual o la muerte eterna, no que ya no hay muerte, sino que el que cree en Cristo, aunque muera físicamente, *"vivirá"* eternamente (Juan 11:25).

Es el evangelio que abre la visión espiritual para que el ser humano se dé cuenta que hay una vida eterna para los que creen en Jesús. Evangelio, "evangelium" significa buenas nuevas, y realmente las revelaciones del evangelio son noticias extraordinariamente buenas, tanto como para que el apóstol Pablo, ahora estime un verdadero privilegio haber sido *constituido predicador, apóstol y maestro* y tenga claro su campo de misión, *los gentiles.*

1:12-14 *"Por lo cual asimismo padezco esto; pero no me avergüenzo, porque yo sé a quién he creído, y estoy seguro que es poderoso para guardar mi depósito para aquel día. ¹³Retén la forma de las sanas palabras que de mí oíste, en la fe y amor que es en Cristo Jesús. ¹⁴Guarda el buen depósito por el Espíritu Santo que mora en nosotros".*

El orgullo de su llamamiento y convicción hacen fuerte a Pablo, para sufrir prisiones, aflicciones, persecuciones y demás (2 Ti 1:8; 2:9; 3:12), dichos sufrimientos no le han hecho avergonzarse, sino que prosigue honrando al que lo llamó. Otra de las muchas razones que tiene el Apóstol para sufrir por Cristo es su fe inamovible en Aquél, (en) *a quien he creído,* recordando seguramente su encuentro en el camino a Damasco (Hechos 9), experimentando la maravillosa experiencia de haber hablado con el Señor Jesús y haber sido instruido directamente por Él. Además de lo anterior, la confianza en el poder de Dios para guardar *mi depósito*. Como lo dice un comentarista: "Todo el contexto anterior, además del texto en sí mismo, favorecen la opinión de que Pablo se está refiriendo a sí mismo y a su completa salvación, la cual está bien segura en las manos de Dios (Juan 10:28–30)".

[13]Retén la forma de las sanas palabras que de mí oíste, en la fe y amor que es en Cristo Jesús. La RV2015 lo dice así: *"ten presente el modelo de las sanas palabras que has oído de mí, en la fe y el amor en Cristo Jesús".*

[14]Guarda el buen depósito por el Espíritu Santo que mora en nosotros". La biblia NVI lo dice así: *"Con el poder del Espíritu Santo que vive en nosotros cuida la preciosa enseñanza que se te ha confiado"*

1:15-18 "Ya sabes esto, que me abandonaron todos los que están en Asia, de los cuales son Figelo y Hermógenes. [16]Tenga el Señor misericordia de la casa de Onesíforo, porque muchas veces me confortó, y no se avergonzó de mis cadenas, [17]sino que cuando estuvo en Roma, me buscó solícitamente y me halló. [18]Concédale el Señor que halle misericordia cerca del Señor en aquel día. Y cuánto nos ayudó en Éfeso, tú lo sabes mejor".

Ahora se puede entender la insistencia del apóstol de que Timoteo no se avergüence de él, ya que era conocido por el discípulo esta triste situación: *que me abandonaron todos los que están en Asia.*

 NOTA HISTÓRICO-GEOGRÁFICA

Asia, era la provincia romana que abarcaba lo que ahora se llama Asia Menor (Turquía). Éfeso era La capital. En esta provincia se realizó el primer viaje misionero de Pablo acompañado de Bernabé, cuando evangelizaron en las ciudades de Antioquía (de Pisidia), Iconio, Listra y Derbe (Hechos 13 y 14). Aún en Perge (de Panfilia), cuando ya iban de regreso (Hch 14:25), felices de haber predicado a Cristo en esos contornos. En el segundo viaje, Pablo acompañado ahora de Silas (Hch 15:40-16:5) pasaron por Siria y Cilicia, continuando hasta Derbe y Listra, en donde levantaron al joven, que llegaría a ser un ilustre líder de la iglesia, Timoteo.

Al final del segundo viaje, acompañado ahora de Aquila y Priscila, inició sus importantes contactos evangelísticos con Éfeso (Hechos 18:18-20), dejando a esa industriosa y diligente pareja a cargo de los primeros convertidos.

Hechos capítulo 19, narra el principio del tercer viaje de Pablo, teniendo como cúspide el gran avivamiento que se dio en Éfeso, en donde permaneció más de dos años, luego de recorrer Macedonia confirmando a los creyentes de las muchas iglesias surgidas. Es muy posible que allí dejó a Timoteo (Hch 20:4), en donde se mencionan a otros hermanos, **todos los que están en Asia,** que posiblemente lo abandonaron. Destaca tan solo a **Figelo y Hermógenes,** quienes pasan deshonrosamente a la historia.

Pablo no los acusa de haber abandonado al Señor, ni el evangelio, sino, más bien, a él. La palabra traducida aquí como abandonaron es *apostrophomai*, que tiene la connotación de alguien que niega ayuda. Se puede pensar que al estar preso en Roma y en espera de su juicio, hubiera invitado a algunos de los hermanos de Asia a dar testimonio acerca de su proceder en el evangelio, y que aquellos que se sintieron vulnerables se alejaron.

Aunque es consciente que la ayuda le ha sido negada a su persona, se puede notar su enojo, en la expresión hiperbólica: **todos los que están en Asia**, y que quizá puede referirse a todos aquellos a los que les pidió ayuda y que tal vez estaban en condiciones de auxiliarlo y no lo hicieron; destacando dos individuos de los que no se sabe nada, excepto sus nombres, *Figelo y Hermógenes*.

 PARA MEDITAR

Cuántas veces hemos deseado que se hubiesen mencionado en los Evangelios y en las cartas del NT, los nombres de tantos personajes que realizaron labores destacadas en bien de la Obra del Señor. Pero el Espíritu Santo los dejó para ser mencionados ante el bimá de Cristo, en el tiempo de las grandes premiaciones (2 Corintios 5:10).

Alabamos al Señor por los ejemplos dignos de imitar y honrar, como fue el caso de **Onesíforo**, por el cual pide Pablo tenga Dios misericordia de toda su familia, *porque muchas veces me confortó, y no se avergonzó de mis cadenas*, lo que refleja su preocupación y solicitud al grado de no abandonarlo, *sino que cuando estuvo en Roma, me buscó solícitamente y me halló*.

Al parecer en aquella ocasión que Onesíforo visitó Roma, Pablo se encontraba encarcelado, lo que hizo difícil encontrarlo, pero no paró hasta hallarlo, lo cual resultó en incomparable ánimo para el Apóstol. Nuevamente, quizá por la enorme gratitud hacia Onesíforo, Pablo vuelve a expresar su deseo: *concédale el Señor que halle misericordia cerca del Señor en aquel día*, y que Dios le conceda galardones especiales en el tribunal de Cristo al comparecer ante Él (2Co 5:10).

Evidenciando la trayectoria de Onesíforo en el ministerio, Pablo recalca el valor del servicio a un siervo de Dios y a la Obra misma. ¡*cuánto nos ayudó en Éfeso, tú lo sabes mejor!*

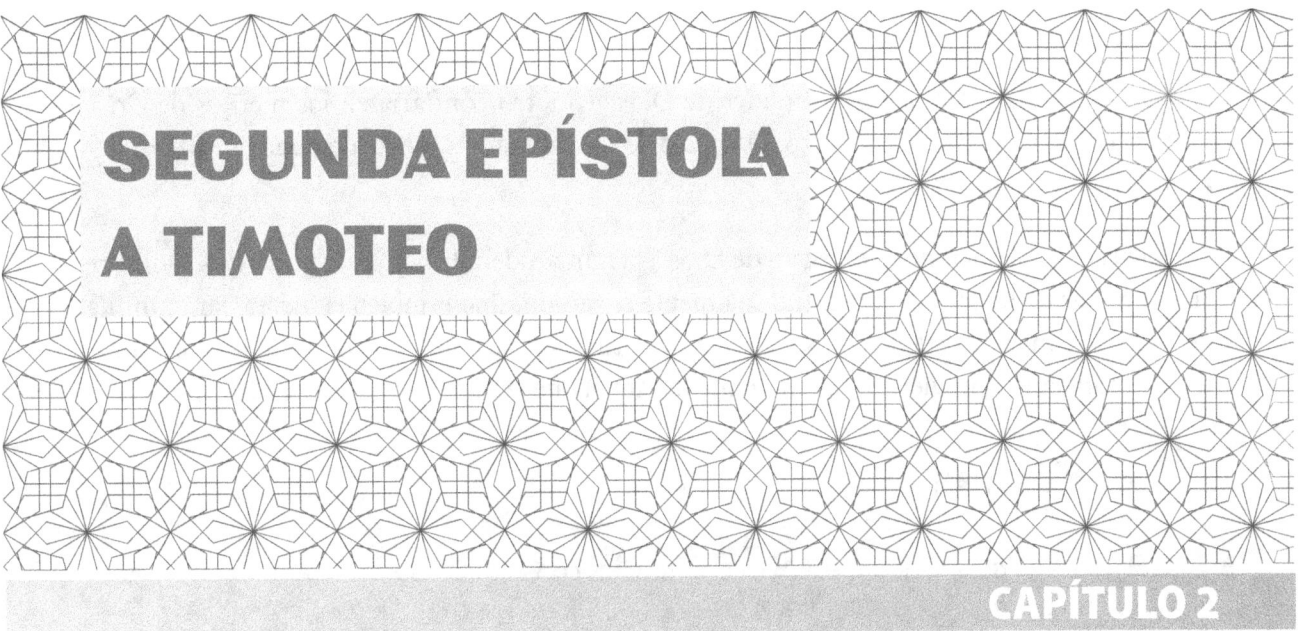

SEGUNDA EPÍSTOLA A TIMOTEO

CAPÍTULO 2

Un buen soldado de Cristo Jesús, 1 Ti 2:1-13

2:1 *Tú pues, hijo mío, esfuérzate en la gracia que es en Cristo Jesús.*

(*fortalécete*, traducen la Biblia actualizada RV2015 y la Biblia NVI)

Un comentarista piensa que lo dicho en este versículo parece resumir las enseñanzas del capítulo 1. Recuérdese que originalmente era una carta "a renglón seguido" y posteriormente, eruditos la dividieron en versículos para mejor comprensión.

Así mismo, en los versículos anteriores el apóstol contrastó el testimonio de infidelidad de Figelo y Hermógenes (1:15) con la notable fidelidad de Onesíforo (1:16-18). Los primeros eran indignos ejemplos, mientras que el segundo, un testimonio de apoyo al siervo de Dios en situación crítica. Ahora, el discurso se centra en el discípulo Timoteo.

El versículo comienza con el pronombre *tú*. La forma denota intensidad y precisión. El empleo del pronombre alude al hecho de que el apóstol dictaría señalamientos y requerimientos específicamente para el discípulo. Era imprescindible que Timoteo prestara la mayor atención al llamado del Apóstol.

El término **hijo** es utilizado por Pablo frecuentemente al referirse a colaboradores, y que, además nacieron bajo su ministerio, ejemplo de ello es Tito (Tito 1:4). Por otra parte, los vocablos juntos: *hijo mío*, solamente son utilizados en esta carta para referirse a Timoteo. Bajo esta frase el Apóstol no solamente consideraba a Timoteo como su hijo espiritual, sino también como alguien muy cercano a su corazón. Más que ser una especie de querella o exhortación, es un consejo firme y delicado a la vez.

El mandato **esfuérzate**, es de índole imperativo. La palabra griega (*endunamoo*) en este caso se refiere a "tomar fuerzas". Pablo le prescribió a Timoteo fortalecerse **en la gracia que es en Cristo Jesús,** (como lo traducen las 2 versiones bíblicas mencionadas al principio). Es decir, le persuadió a considerar siempre el poder de Dios. Timoteo confiaría en los méritos de Cristo Jesús más que en su propio esfuerzo. El apóstol le recordó que la fuente de donde provendría su aliento era celestial.

La gracia de Jesucristo es el regalo de Dios a la humanidad. El acto más poderoso. Quien recibe la gracia de Jesucristo obtiene no solamente el perdón, sino también la fuerza para caminar de acuerdo con Sus preceptos. Los recursos espirituales y naturales que necesita un creyente en toda circunstancia provienen directamente de Aquél que le salvó.

 PARA MEDITAR

> El mensaje de la Palabra es un mandato y un consejo. Como mandato no existe justificación para desatender las exhortaciones de Dios. Como consejo, orienta, *"Mas el que me oyere, habitará confiadamente, y vivirá tranquilo, sin temor del mal"*. (Proverbios 1:33). El Padre celestial ha pronunciado sus direcciones a través de las Escrituras, motivado por amor e interés hacia el ser humano. ¡Qué cada lector anhele descubrir Su voluntad y someterse a ella!

2:2 *Lo que has oído de mí ante muchos testigos, esto encarga a hombres fieles que sean idóneos para enseñar también a otros.*

 PARA MEDITAR

> Es interesante reconocer que en este clásico versículo aparecen 4 "generaciones" de líderes: Pablo, Timoteo, los discípulos *fieles* de Timoteo y los discípulos (también *fieles* e *idóneos*) convertidos en maestros. Hermosas cadenas que forma el Señor y que todo creyente puede experimentar.

Desde su encuentro con el Señor Jesús y su llamamiento al ministerio, el Apóstol Pablo acogió el estandarte de la fe, para enfrentar con valor todo tipo de retos. Muchos creyentes podrían dar fe del intachable testimonio del Apóstol desde su conversión. Estaba muy consciente que el proceder de su ministerio sería normativo para otros. Quizá no imaginaba el alcance, sin embargo, sabía que lo que se enseña afectaría la formación de los aprendices: *"Ten cuidado de ti mismo y de la doctrina; persiste en ello, pues haciendo esto, te salvarás a ti mismo y a los que te oyeren"*. (1 Ti 4:16). La forma en la que ejercía su fe sería como un sello que marcaría a los que le conocieran. Bajo esta pauta, Timoteo debería capacitar a otros para la extensión del evangelio y la edificación de la iglesia. Este versículo declara el propósito de la Epístola. El legado del evangelio es una antorcha que hay que pasar de mano en mano y de generación en generación.

PARA MEDITAR

En este pasaje encontramos que la competencia de un líder consiste primariamente en ser fiel al llamado. A su vez, es destacable que la característica esencial que debe tener un siervo es la capacidad de enseñar. Es decir, ser capaz de explicar de forma sencilla las verdades del evangelio de tal manera que el oyente comprenda ese mensaje. En la experiencia paulina, la enseñanza es como un eco que resuena. El evangelio se propaga y queda adherido plenamente en cada generación.

2:3-7 *Tú, pues, sufre penalidades como buen soldado de Jesucristo. Ninguno que milita se enreda en los negocios de la vida, a fin de agradar a aquel que lo tomó por soldado. Y también el que lucha como atleta, no es coronado si no lucha legítimamente. El labrador, para participar de los frutos, debe trabajar primero. Considera lo que digo, y el Señor te dé entendimiento en todo.*

El apóstol menciona tres figuras de la vida diaria, que han sido de inspiración a los predicadores y a los creyentes: un soldado, un atleta y un labrador. Cientos de mensajes han surgido de la pluma de ilustres predicadores, que aún se consignan en libros de sermones o de reflexión. Desde luego, que también de predicadores que se inician en su púlpito pastoral.

Cada personaje representa características que son necesarias para lograr una permanencia cristiana. El primer ejemplo se refiere al enfoque, es decir, a la concentración que debe tener un soldado leal a su uniforme, *"en campaña militar"*, dice la versión 2015 de la Reina Valera, no inmiscuido en algún negocio que lo distraiga. La segunda figura ilustra la disciplina y esfuerzo de un atleta. Los buenos hábitos del deportista le ayudan a adquirir fortaleza y a desarrollar destrezas antes de la competencia. (*"además, si algún atleta compite, no es coronado a menos que compita según las reglas"*, expresa la biblia RV2015). El último ejemplo describe la paciencia de un labriego en la espera de frutos después de trabajar debidamente la tierra. Muchas otras enseñanzas se pueden derivar de estos tres ejemplos.

Sufre penalidades, la idea del término en el idioma original es la de soportar algo. Estar en el ministerio representa una tarea desafiante, las penalidades o sufrimientos son parte del bagaje. El discípulo debía prepararse para ello. Lejos de ser una calamidad, las congojas y afanes deberían ser oportunidades para que Timoteo creciera en fe. Así como el Apóstol había salido avante de los sufrimientos y calamidades, así, el discípulo debería desarrollar músculos espirituales. Debía comprobar que las situaciones críticas ayudan al discípulo en la formación de su carácter, propiciando producir cada una de las partes del fruto del Espíritu. Ayudan también a apreciar el ministerio que Dios ha otorgado.

 PARA MEDITAR

De acuerdo con lo que menciona Pablo en estos versículos, la resistencia es una cualidad fundamental en el ministerio. Mantenerse firme a pesar de cualquier oposición que surja tarde o temprano, resultará favorable. El honor de haber cumplido con el trabajo encomendado es más prestigioso que una insignia. El proceso del entrenamiento para obtener victorias es todavía más importante que los trofeos mismos. Los frutos de la cosecha se aprecian cuando se ha participado en la ardua labor de la siembra. La determinación es una cualidad indispensable si se quiere perseverar en la vida cristiana, por eso casi al final de su segunda y última carta escribió: *"Por lo demás, me está guardada la corona de justicia, la cual me dará el Señor, juez justo, en aquel día; y no sólo a mí, sino también a todos los que aman su venida."* (2 Ti 4:8).

2:8-9 *Acuérdate de Jesucristo, del linaje de David, resucitado de los muertos conforme a mi evangelio, en el cual sufro penalidades, hasta prisiones a modo de malhechor; mas la palabra de Dios no está presa.*

La expresión *en el cual sufro*, alude al hecho de estar literalmente "dentro de Cristo". Dios le dirigía, aceptaba su voluntad. Era Dios quien permitía que estuviera privado de su libertad física, sus prisiones eran parte del plan divino. Por ello, podía soportar esa dura prueba. *"Todo lo puedo en Cristo que me fortalece"*, había expresado el Apóstol cuando escribió a los filipenses (Fil 4:13). Pablo estaba seguro de que las circunstancias desfavorables eran oportunidades para compartir el evangelio. Mientras que su cuerpo estaba limitado a un espacio y lugar, la Palabra traspasaba los corazones de quienes la escuchaban.

 NOTA HISTÓRICA

Para este momento, el apóstol Pablo estaba prisionero por segunda ocasión en Roma, cinco o seis años más tarde del primer encarcelamiento (66-67 d.C.). Esta vez no gozaba de las ventajas del primero (Hch 28:16 -31), no tenía libertad para invitar amigos o ser visitado. Se le consideraba peligroso, tanto como un delincuente en contra del Imperio. Estaba privado de su libertad en una celda fría y oscura (2 Ti 4:13), con cadenas (2 Ti 2:9) y sin esperanza alguna de ser liberado (2 Ti 4:6). Le pide encarecidamente a Timoteo que vaya a verlo con urgencia porque pensaba que moriría pronto (2 Ti 4: 6,17). Por el contenido y circunstancias, se considera esta carta como la última del Apóstol. (La Epístola a Tito se ubica entre las dos cartas a Timoteo).

2:10 *Por tanto, todo lo soporto por amor de los escogidos, para que ellos también obtengan la salvación que es en Cristo Jesús con gloria eterna.*

Los escogidos, se refiriere a las personas que han escuchado las buenas nuevas. Este término no es exclusivo de un grupo selecto merecedor de la salvación. Son lo que han creído en Cristo Jesús. Por ello, el mayor deseo del Apóstol era poder ver el fruto de su predicación, la salvación de muchos. La razón por la que podía soportar todo tipo de padecimientos era debido al amor que tenía por los creyentes actuales y por los creyentes que conocerían a Cristo después de su muerte. Su deseo en estos versículos es comparable al sentir de Cristo (Filipenses 4:7).

2:11-13 *Palabra fiel es esta: Si somos muertos con Él, también viviremos con Él; ¹²Si sufrimos, también reinaremos con Él; Si le negáremos, Él también nos negará. ¹³Si fuéremos infieles, Él permanece fiel; Él no puede negarse a sí mismo.*

Estos versículos constituyeron un himno para la iglesia primitiva. Este canto declara cuatro principios condicionantes para el creyente acerca del carácter divino.

- Para disfrutar la vida eterna se debe estar dispuesto a morir terrenalmente.
- Para gozar del reino celestial se debe estar dispuesto a soportar las pruebas.
- Cuando alguien rechaza continuamente a Dios se abre una brecha y Él se aleja.
- El hombre suele fallar mientras que Dios permanece firme en sus promesas, dado a que Dios es inmutable, no cambia y no miente.

 PARA MEDITAR

> En el mundo occidental, pocas personas experimentarán tribulación de cárcel por causa del evangelio. Aún si así fuere el caso, cualquier padecimiento en esta tierra es momentáneo, poco comparable con el gozo prometido: *"Pues tengo por cierto que las aflicciones del tiempo presente no son comparables con la gloria venidera que en nosotros ha de manifestarse"*. (Ro 8:18). Dios es fiel en medio de los padecimientos, Su presencia es prometida para aquellos que no se amedrentan por causa de la oposición. Experimentar la fidelidad de Dios motiva a corresponderle de la misma manera. Vale la pena padecer un poco de tribulación terrenal a fin de gozar la eternidad con Dios.

Un obrero aprobado, 2 Ti 2:14-26

2:14 *Recuérdales esto, exhortándoles delante del Señor a que no contiendan sobre palabras, lo cual para nada aprovecha, sino que es para perdición de los oyentes.*

Discutir con maestros falsos y engañadores que utilizan la razón humana para subvertir la Palabra de Dios, no solo es necio (Pr 14:7) y fútil (Mt 7:6) sino peligroso (2:14, 16 y 23).

En esta Epístola por 3 ocasiones le advierte a Timoteo sobre lo peligroso de esas discusiones:

- 2:14 que no contienda sobre palabras…es para perdición de los oyentes
- 2:16 evita profanas y vanas palabrerías… conducirán más y más a la impiedad.
- 2:23 desecha las cuestiones necias e insensatas…que engendran contiendas

A partir de estos versículos el apóstol Pablo da indicaciones específicas para aquellos que Timoteo adiestraría como "hombres fieles" (2 Ti 2:2). Timoteo debería instarles a no perder el tiempo en discutir temas vanos. Sus palabras debían ser cuidadosamente seleccionadas y administradas en la proclamación y enseñanza.

PARA MEDITAR

> La proclamación de la palabra busca que los que escuchen, se arrepientan. El centro de la predicación es Jesucristo. La intención principal es la de presentar a Cristo como salvador, todos los temas derivados deben coadyuvar con ese propósito. Por tanto, no se debe gastar tiempo contendiendo sobre doctrinas erróneas o mal interpretadas. El error se combate con la verdad en un espíritu de amor y amabilidad. Sabiendo que es el Espíritu Santo quien convence y redarguye.

2:15-18 *Procura con diligencia presentarte a Dios aprobado, como obrero que no tiene de qué avergonzarse, que usa bien la palabra de verdad. ¹⁶Mas evita profanas y vanas palabrerías, porque conducirán más y más a la impiedad. ¹⁷Y su palabra carcomerá como gangrena; de los cuales son Himeneo y Fileto, ¹⁸que se desviaron de la verdad, diciendo que la resurrección ya se efectuó, y trastornan la fe de algunos.*

> *Procura con diligencia presentarte a Dios aprobado, como obrero que no tiene de qué avergonzarse, que usa bien la palabra de verdad.* Uno de los textos desafiantes que en cada comunidad escolar se repite. Habla de ser diligente, de buscar la aprobación del Padre, de no tener nada que avergonzarse y de tener capacidad para tirar la red, estudiando, comprendiendo y enseñando las Escrituras. ¡A cuántos jóvenes desafió esta arenga paulina en nuestra generación! Al grado de que en los devocionales de ISUM en América Latina se cantaba.

Evita profanas y vanas palabrerías, Timoteo debería mantenerse alejado de lo malo o pagano y de las conversaciones sin sentido. Dedicarse a rivalizar con los que sostenían doctrinas erróneas, le desviarían de su propósito haciéndole perder el tiempo, incluso apartarse del camino.

¹⁷Y su palabra carcomerá como gangrena; de los cuales son Himeneo y Fileto. Al mencionar el Apóstol la *gangrena*, está usando una metáfora, para indicar que así como esa infección puede progresar rápidamente, sino se trata, infectando partes del cuerpo o aun todo el cuerpo, así las conversaciones profanas y vanas, pueden llevar a una conducta impía o una desviación doctrinal.

Himeneo y Fileto se habían desenfocado, apartándose de la verdad. Éstos habían errado en la interpretación de las Escrituras. Además, enseñaban sus propias conjeturas acerca de la resurrección. Tal vez, por la maldad de su corazón, poniéndose como ejemplo, de que ellos se quedaron. Y por lo que se ve asustando a otros buenos hermanos. En 1 Ti 1:20, Pablo cataloga a Himeneo como blasfemo y ahora menciona a otro afectado individuo que reemplazó a Alejandro, el llamado Fileto.

PARA MEDITAR

El desempeño de un ministerio se evalúa, por la Escritura y por la iglesia. Un líder aprobado es aquel que enseña y predica el mensaje de las Escrituras, siempre guiado por el Espíritu Santo. Que evita las revelaciones excéntricas y exclusivistas —producto de una mente egoísta— que piensa que ha encontrado una verdad negada a los demás.

2:19-21 *Pero el fundamento de Dios está firme, teniendo este sello: Conoce el Señor a los que son suyos; y: Apártese de iniquidad todo aquel que invoca el nombre de Cristo. ²⁰Pero en una casa grande, no solamente hay utensilios de oro y de plata, sino también de madera y de barro; y unos son para usos honrosos, y otros para usos viles. ²¹Así que, si alguno se limpia de estas cosas, será instrumento para honra, santificado, útil al Señor, y dispuesto para toda buena obra.*

Pero el fundamento de Dios está firme, el apóstol Pablo afirmaba que la verdad del evangelio era tan fuerte como un cimiento; y tan puro para ser contaminado. El evangelio no podría pervertirse ni sucumbiría ante las amenazas de doctrinas falsas. Los detractores de la palabra no podrían opacar la luz de evangelio. **Conoce el Señor a los que son suyos**, los verdaderos creyentes son respaldados por Dios y reconocidos por la iglesia. **Apártese de iniquidad,** es decir, desistir de aquello que es moralmente malo.

No solamente hay utensilios de oro y de plata, sino también de madera y de barro, se compara metafóricamente la vida de los congregantes con enseres de diferentes materiales. Existen utensilios, se diría, para ser usados en quehaceres limpios y otros para labores desagradables, como la recolección de desechos y demás desperdicios de la casa. Mientras que los utensilios de mayor calidad, como los de oro y plata, para momentos especiales.

Así que, si alguno se limpia de estas cosas, tiene un fuerte mensaje para los creyentes y para los ministerios. Se pudo haber sido un instrumento deshonroso, pero bien limpiado, fregado y reluciente, por la mano del Señor, se convierte en un **instrumento para honra, santificado, útil al Señor, y dispuesto para toda buena obra.**

2:22,23 *Huye también de las pasiones juveniles, y sigue la justicia, la fe, el amor y la paz, con los que de corazón limpio invocan al Señor. Pero desecha las cuestiones necias e insensatas, sabiendo que engendran contiendas.*

 NOTA IMPORTANTE

En muchas ocasiones se le dice a los creyentes que enfrenten al enemigo y que aún huirá de ellos y es cierto. Se usan textos como *"resistid al diablo y huirá de vosotros"* (Stg 4:7), que tiene mucha fuerza, cuando se cumple con lo primero: *"someteos, pues a Dios"*. Pero al referirse a como vencer *las pasiones juveniles,* expresión noble que usa el Apóstol

> para referirse al sexo ilícito, a la fornicación, al adulterio y a toda clase de bajezas o inmundicias (Efesios 5:3), Pablo le dice tajantemente a Timoteo: ¡Huye! Por su parte, la biblia NVI ofrece un equivalente: *"huye de las malas pasiones de la juventud"* y la biblia NTV expresa: *"huye de todo lo que estimule las pasiones juveniles"*. Todas recalcan ¡huye!

El apóstol exhortaba a Timoteo a evitar, a correr, para escapar de los impulsos o pasiones juveniles. La comparación alude al hecho de que en la juventud se suele dar rienda a los instintos humanos, a veces incontroladamente. Se esperaría que Timoteo reaccionara con una mente madura, con una vida que expresara el fruto del Espíritu. Para ello, Pablo ofrece cuatros recursos o virtudes espirituales:

- la **justicia**, el deseo de actuar bajo los estándares divinos. Es decir una vida correcta en conformidad con la voluntad de Dios.
- la **fe**, la cual brinda firmeza para no ceder, pues se descansa en el Señor.
- el **amor**, lo que le motivaría a tomar decisiones correctas, así como Cristo.
- la **paz**, la cual le proporcionaría armonía y concordia con los demás desde un corazón puro.

Estas cualidades se reflejarían en la medida que su corazón limpio, busque la santificación y la comunión. El Apóstol advierte por tercera ocasión (aquí en 2:23) a Timoteo de no involucrarse en situaciones que solamente provocan disputas y debates interminables. Antes en 2:14 y 2:16.

2:24-26 *Porque el siervo del Señor no debe ser contencioso, sino amable para con todos, apto para enseñar, sufrido; que con mansedumbre corrija a los que se oponen, por si quizá Dios les conceda que se arrepientan para conocer la verdad, y escapen del lazo del diablo, en que están cautivos a voluntad de él.*

Estos versículos describen el carácter cristiano, las cuales deben reflejarse en el ejercicio del ministerio. **Amable**, en primera instancia. Al siervo le deberán caracterizar la consideración y la bondad en sus relaciones humanas evitando propiciar contiendas. **Apto para enseñar,** le será necesario desarrollar competencia para la enseñanza. Sufrido, es decir, se mantendría firme ante las dificultades. De la misma forma, para términos evangelísticos, al siervo le sería conveniente amonestar a los no creyentes con moderación. El Apóstol sostiene que la manifestación de estas cualidades puede ser un fuerte recurso para lograr la salvación de quienes están en los lazos del diablo.

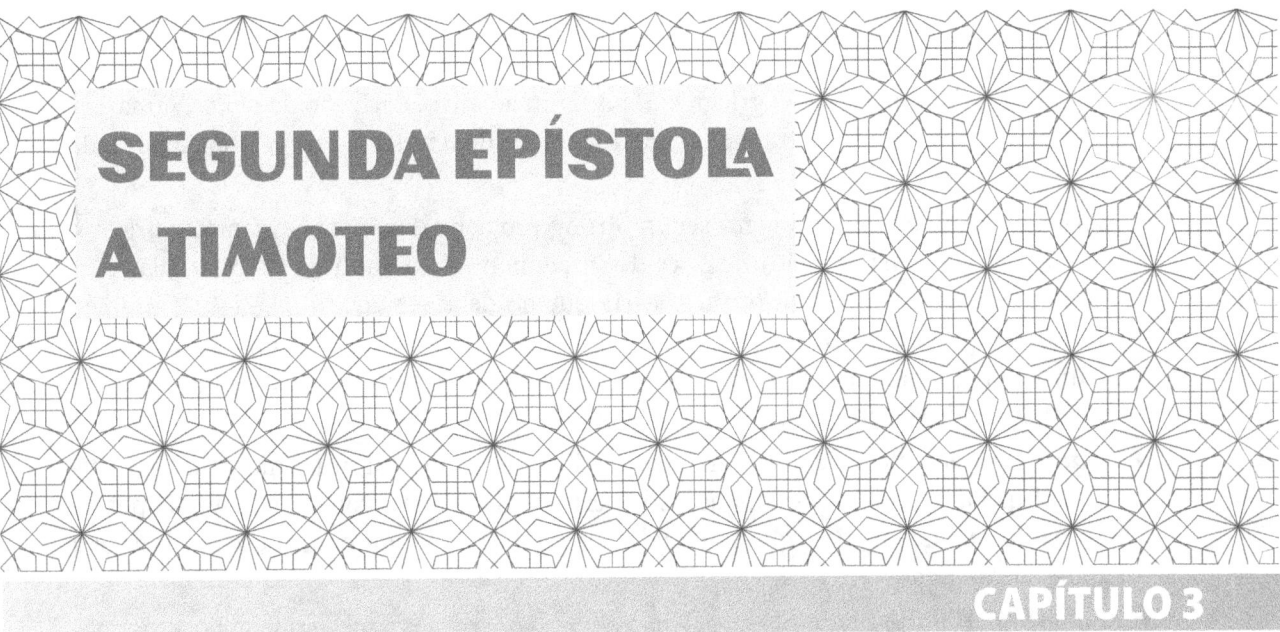

SEGUNDA EPÍSTOLA A TIMOTEO

CAPÍTULO 3

Carácter de los hombres en los postreros días, 2 Ti 3:1-17

3:1 *También debes saber esto: que en los postreros días vendrán tiempos peligrosos.*

Pablo está interesado en advertir a Timoteo el comportamiento de los hombres en los *postreros días*. ¿A qué se refiere el Apóstol con postreros días?, esa misma frase se utiliza en Hechos 2:17 para referirse al tiempo que transcurre entre la ministración terrenal del Señor Jesús y el arrebatamiento de la iglesia.

Los Apóstoles Pedro, Juan y el autor de la Carta a los Hebreos, también la utilizaron (2 P 3:3; 1 Jn 2:18; He 1:2) para referirse al mismo espacio de tiempo. Tristemente, *los tiempos peligrosos* se han manifestado durante los pasados dos mil años (1 Jn 2:18), pero se recrudecerán en la época cercana a la Segunda Venida.

Peligrosos, en griego *Chalepos* (Diccionario de Strong) que quiere decir: trabajoso, difícil, duro, feroz, complicado. Timoteo se iba a enfrentar a tiempos complicados, que no serían fáciles de sobrellevar. Pablo necesitaba advertirle de la degradación moral y espiritual, que ya se iba a experimentar bajo su propio ministerio y desde luego, en los tiempos finales. Adelante en 3:13 advierte de la imparable secuencia: *"más los malos hombres y los engañadores irán de mal en peor, engañando y siendo engañados"*.

3:2-5 *² Porque habrá hombres amadores de sí mismos, avaros, vanagloriosos, soberbios, blasfemos, desobedientes a los padres, ingratos, impíos, ³ sin afecto natural, implacables, calumniadores, intemperantes, crueles, aborrecedores de lo bueno, ⁴ traidores, impetuosos, infatuados, amadores de los deleites más que de Dios, ⁵ que tendrán apariencia de piedad, pero negarán la eficacia de ella; a éstos evita.*

A continuación, Pablo hace una lista de las características de los individuos, que surgirían a través de las edades, y más evidentemente en los postreros días:

- ***Amadores de sí mismos*** del griego *phílautos* (un adjetivo, derivado de *phílos*, "amante" y *autós*, "de sí mismo") se traduce como un amante de sí mismo, una persona interesada solo en sus propios deseos.

- ***Avaros*** este adjetivo *philárgyros* según Strong proviene de *phílos*, "amante" y *árgyros*, "de plata". Un amante del dinero, es decir, alguien enamorado de las ganancias personales. Pablo le dice en su primera carta que no debe ser "avaro" (1 Ti 3:3), también le recalca que *"la raíz de todos los males es el amor al dinero"* (1 Ti 6:10). El llamado de Timoteo requería tener un corazón libre de avaricia, para que no se contaminaran las intenciones de su servicio.

- ***Vanagloriosos,*** identifica a alguien como altivo, un impostor, un fanfarrón. Una persona hinchada por el orgullo, que no le permite mirar sus errores. Este tipo de persona habla de muchas cosas que en realidad no puede hacer, por lo que busca a incautos a quien sorprender.

- ***Soberbios,*** orgullosos, arrogantes. Una persona soberbia es aquella que se pone por encima de los demás, que siempre trata de sobresalir. Esta palabra se menciona en Santiago 4: 6: *"Dios resiste a los soberbios"*, sin embargo, en Proverbios 3:34 afirma que *"da gracia a los humildes"*

- ***Blasfemos,*** detractores y calumniosos; son aquellos que con infamia alteran las verdades divinas.

- ***Desobedientes a los padres,*** son hombres que se rebelan y desobedecen, a sus padres biológicos. Se olvidan de la promesa enfatizada en Efesios 6:2,3 *"Honra a tu padre y a tu madre… para que te vaya bien y seas de larga vida sobre la tierra"*.

- ***Ingratos,*** aquellos que carecen de gratitud tanto hacia los padres, como hacia aquellos de quien han recibido alguna ayuda.

- ***Impíos,*** quienes se burlan de lo santo, es decir, mostrando falta de respeto intencional hacia las cosas de Dios.

- ***Sin afecto natural,*** carentes de la capacidad de amar y de demostrar amor. En la carta a los Romanos también se presenta la condición de los individuos que no tienen cariño por nadie, ni son capaces de compadecerse por otros (Ro 1:31).

 PARA MEDITAR

La sociedad actual se caracteriza por la falta de verdadero amor. Los padres, como parte de una sociedad caída, carecen de la capacidad de satisfacer una de las necesidades primordiales de los hijos en la primera infancia, que es precisamente "sentirse amados". Las parejas han perdido el concepto del amor, y como consecuencia por sus problemas personales, expresan un raquítico amor hacia sus hijos, causándoles heridas profundas que no desaparecerán, y a su vez, éstos las transmitirán a la siguiente generación. Debe notarse que Pablo en su Carta a los Corintios, muestra el valor del amor en conjunto con los dones espirituales. (1 Co 13:1-13). Hoy más que nunca el mundo necesita conocer el amor de Dios a través de su iglesia, es decir, de padres transformados dependientes siempre de la dirección del Espíritu Santo.

- *Implacables,* un adjetivo que se deriva del griego *aspondos* que se traduce como desleales, sin tregua. Por lo tanto, son personas que no dan tregua a sus ambiciones, incapaces de complacer a otros y de perdonar.
- *Calumniadores,* personas que difaman, critican injustamente.
- *Intemperantes,* aquellos que no tienen control de sí mismos.
- *Crueles* son los que muestran tratos inhumanos y salvajes, aun con su propia familia.
- *Aborrecedores de lo bueno,* personas que están en contra de las cosas de Dios y se pronuncian enemigos de Él. Contrarios al consejo que Pablo da a Tito de ser *"amantes de lo bueno".* (Tito 1:8)
- *Traidores* entregan a sus amigos en mano de los enemigos, ya sea en el trabajo, en la vida pública y en la misma iglesia.
- *Impetuosos,* son imprudentes que actúan precipitadamente.
- *Infatuados,* viene del vocablo *tuphoó* (tufo) que significa "humo", soplar humo, nublar el aire. Personas que tienen una mentalidad confusa, un extravío moral, una cordura limitada. Han perdido el discernimiento espiritual, que les permita ubicarse correctamente.
- *Amadores de los deleites más que de Dios,* según Strong, amadores se deriva de dos palabras *philos* y *hedoné* (amoroso y placer), quiere decir una persona que busca el placer por encima de todo y de todas las cosas, incluyendo al Señor. Aquí se ubican los hedonistas (doctrina filosófica que coloca el placer como el bien superior del ser humano, desarrollada por Aristipo de Cirene, discípulo de Sócrates) quienes afirman que el placer tiene el objetivo de reducir el dolor, por lo tanto, es el único medio para alcanzar la felicidad. Seguramente que los apóstoles Pedro, Pablo y Juan contendieron con esos filósofos griegos, presentando al Señor Jesucristo como el dador absoluto de la vida y el satisfactor de todo deseo (1 Jn 5:12)

que tendrán apariencia de piedad, pero negarán la eficacia de ella; a éstos evita.

Tal vez, de toda la lista que describe a los impíos, esta característica sea la más peligrosa: **"tendrán apariencia de piedad"**, pues es engañosa para los ingenuos y esperanzadora para los creyentes que quieren ver un cambio en las personas.

Actuarán como personas religiosas, pero rechazarán el verdadero poder de la religión. Pablo menciona esto, en su carta a Tito de *"aquellos que dicen conocer a Dios, pero con sus acciones le niegan".* (Ti 1:16). *a éstos evita,*

PARA MEDITAR

> El consejo que le dio Pablo a Timoteo con respecto a toda esta lista de individuos con carencia de valores morales y espirituales era imperativo, no debía vacilar ante tal advertencia: ¡evítalos! Hoy en día es común tropezar en el ejercicio del ministerio con hombres de esta calaña. El consejo sigue siendo válido: ¡evítalos!, evitar todo tipo de influencia.

3:6-9 *Porque de éstos son los que se meten en las casas y llevan cautivas a las mujercillas cargadas de pecados, arrastradas por diversas concupiscencias. ⁷ Estas siempre están aprendiendo, y nunca pueden llegar al conocimiento de la verdad. ⁸ Y de la manera que Janes y Jambres resistieron a Moisés, así también éstos resisten a la verdad; hombres corruptos de entendimiento, réprobos en cuanto a la fe. ⁹ Mas no irán más adelante; porque su insensatez será manifiesta a todos, como también lo fue la de aquéllos.*

Este tipo de individuos, **que tendrán apariencia de piedad,** se introducen a las casas para engañar **a las mujercillas,** la biblia NTV, (Nueva Traducción Viviente), presenta el versículo 6 así: "*pues son de los que se las ingenian para meterse en las casas de otros y ganarse la confianza de mujeres vulnerables que cargan con la culpa del pecado y están dominadas por todo tipo de deseos.*

Estas mujeres no tienen convicción, están cargadas de pecado y son débiles en sus deseos. *... **siempre están aprendiendo, y nunca pueden llegar al conocimiento de la verdad.*** Quiere decir que asisten a los servicios semanales de la iglesia, sin comprender el verdadero evangelio y sin rendir completamente sus voluntades al Señor. Además, se convierten en un blanco perfecto para ser seducidas con falsas enseñanzas y fácilmente siguen a otro líder.

Ya, en el capítulo 5 de su primera Carta, el Apóstol Pablo había mencionado a muchas mujeres: jóvenes, madres, ancianas y especialmente viudas. De hecho, dedicó 16 versículos del capítulo para dar dirección al pastor Timoteo sobre cómo tratarlas, y especialmente a **las mujeres vulnerables** (NTV), mencionando que se descuidan y "*aprenden a ser ociosas, andando de casa en casa; y no solamente ociosas, sino también chismosas y entremetidas, hablando lo que no debieran...porque ya algunas se han apartado en pos de Satanás*". (1 Ti 5:13,15).

En muchas iglesias se viven o se han vivido estas situaciones.

Seguidamente Pablo describe las acciones de este tipo de hombres y los compara con **Janes y Jambres,** quienes como hechiceros o magos de la corte de Faraón (Ex 7:11, 22; 8:7, 18,19; 9:11) utilizaron sus artes mágicas para imitar el poder de Dios, manifestado a través de la vara de Aarón. Pero de la misma manera que Dios exhibió a estos farsantes cuando la vara de Aarón se comió las varas de los magos, y seguramente fueron muertos, en el juicio narrado en Éxodo 32. (la B. de estudio MacArthur pág. 1732, cuenta de una tradición judía que narra que esos hechiceros dieron la impresión de convertirse en prosélitos judíos (Éx 8:19) y fueron los que instigaron el culto al becerro de oro en el desierto) Tal vez eso explica la rapidez con la que los judíos bajo la tolerancia de Aarón hicieron un becerro de fundición, mientras Moisés oraba en el Sinaí.

Así pasa con los falsos maestros, *hombres corruptos de entendimiento, réprobos en cuanto a la fe. ⁹ Mas no irán más adelante; porque su insensatez será manifiesta a todos, como también lo fue la de aquéllos.*

3:10-13 *¹⁰Pero tú has seguido mi doctrina, conducta, propósito, fe, longanimidad, amor, paciencia, ¹¹persecuciones, padecimientos, como los que me sobrevinieron en Antioquía, en Iconio, en Listra; persecuciones que he sufrido, y de todas me ha librado el Señor. ¹²Y también todos los que quieren vivir piadosamente en Cristo Jesús padecerán persecución; ¹³más los malos hombres y los engañadores irán de mal en peor, engañando y siendo engañados.*

En los siguientes versículos Pablo refuerza la positiva identidad de Timoteo, recalcando que no pertenece a ese grupo de hombres perversos, porque ha tomado la decisión de aprender y seguir el ejemplo del Apóstol cuyas cualidades el Apóstol enumera y que de alguna manera se reflejaron en Timoteo, paralelas a los posibles padecimientos.

Pablo, maestro en describir la naturaleza humana, hace una lista más de las características positivas que deben darse en un siervo de Dios:

- *Doctrina*, del sustantivo griego *didaskalia* que se refiere a la instrucción, enseñanza y aprendizaje. (La NVI traduce didaskalia como enseñanza y no como doctrina, igual la NTV. Este importante sustantivo aparece 14 veces en las epístolas pastorales). Timoteo había escuchado y aprendido las enseñanzas que predicaba el Apóstol Pablo, las cuales se centraban en Jesucristo como el hijo de Dios y la salvación que proviene por su gracia (1 Co 1:23) Pablo se enfrentó a muchos falsos maestros que se oponían a la doctrina que predicaba y muchos habían caído en la mentira (Gálatas 3:1; 5:7; 1 Tim 4:1). Timoteo había permanecido firme en la doctrina.
- *Conducta,* también había aprendido a vivir como el Apóstol.
- *Propósito* del llamado, fue transmitido de un buen maestro a un fiel discípulo.

Ahora Pablo recalca cuatro cualidades que Timoteo había aprendido, las cuales le había mencionado en su primera carta (1 Tim 6:11):

- *fe*, referente a la convicción y fidelidad en lo que había creído.
- *longanimidad* que quiere decir grandeza de ánimo, magnánimo, generoso.
- *amor*, traduce *agape*, del griego, que a su vez traduce el hebreo *hesed*, refiriéndose al incondicional, fiel y apasionado amor de Dios por nosotros.
- *paciencia* la peculiaridad de un hombre que se mantiene fiel a su propósito voluntario a pesar de experimentar momentos de pruebas y sufrimiento.

Además, Pablo le recuerda de los sufrimientos que ha tenido que pasar como apóstol de Jesucristo. Hace referencia a su primer viaje misionero, del cual Timoteo seguramente escuchó y supo de su valor, sufrimientos y perseverancia. En **Antioquía,** lo echaron (Hechos 13:50) *en Iconio* tuvo que huir porque procuraban matarle (Hechos 14:5) *en Listra,* ciudad donde nació Timoteo, le apedrearon y lo arrastraron fuera pensando que estaba muerto (Hechos 14:19)

Pablo concluye la narrativa de sus adversidades, *y de todas me ha librado el Señor.* La actitud de Pablo no era de queja, ni mucho menos de ser víctima, sino que estaba recordando a Timoteo y a todos los Timoteos del futuro, la verdadera realidad: aceptar el llamado de Dios, no incluye ser aceptado y apreciado por todos, pues **todos los que quieren vivir piadosamente en Cristo Jesús padecerán persecución.**

más los malos hombres y los engañadores irán de mal en peor, engañando y siendo engañados. ("embaucadores", les llama la versión NIV). Ratifica el Apóstol lo que les acontece a los malvados, irán de mal en peor, siempre engañando y siempre siendo engañados.

3:14-17 ¹⁴ ***Pero persiste tú en lo que has aprendido y te persuadiste, sabiendo de quién has aprendido; ¹⁵ y que desde la niñez has sabido las Sagradas Escrituras, las cuales te pueden hacer sabio para la salvación por la fe que es en Cristo Jesús***

¹⁶ Toda la Escritura es inspirada por Dios, y útil para enseñar, para redargüir, para corregir, para instruir en justicia, ¹⁷ a fin de que el hombre de Dios sea perfecto, enteramente preparado para toda buena obra.

Ahora Pablo le aconseja que debe continuar creyendo en lo que ha aprendido y en lo que tiene plena convicción. **Sabiendo de quién has aprendido,** alude al mismo Pablo (2 Tim 1:13), a otros líderes (2 Ti 2:2), así como a Loida su abuela y a Eunice su amada madre (Hechos 16:1; 2 Ti 1:5).

No tan sólo tuvo la bendición de ser instruido por Pablo y los demás líderes, sino también desde la temprana edad, lo cual es de mucha importancia, porque el aprendizaje en la niñez es muy significativo, ya que forma la estructura de pensamiento que se fija durante la juventud y la edad adulta. Al ser descendiente de una madre judía, tuvo el gran privilegio de que ella cuidara el aprendizaje de **las Sagradas Escrituras** del Antiguo Testamento. Las cuales prepararon el camino **para la salvación por la fe que es en Cristo Jesús.**

Y he aquí, el trascendental texto:

Toda la Escritura, afirma Pablo, es **inspirada por Dios** del griego *teopneustos*: *Teos*: Dios y *pneo*: respirar. Literalmente "respirada por Dios" o también "exhalada por Dios", se identifica tanto con su Palabra que cada vez que hablan las Escrituras, Dios es quien habla (Ro 9:17; Gá 3:8). El Apóstol Pedro, refuerza magistralmente la inspiración de todas las Escrituras (1 P 2:19-21).

Útil, quiere decir que es rentable, beneficiosa por ser inspiración divina (Heb 4:12). Por lo tanto, no es cualquier libro, sino la palabra de Dios, "El Libro", como le han llamado los literatos seculares. Es sumamente útile en cuatro acciones determinantes:

- Para ***enseñar***, las Sagradas Escrituras suministran el cuerpo comprensivo y completo de la verdad divina que es necesario para la vida y la piedad. Es el libro de texto de todo maestro que quiera formar discípulos y llevarlos hacia la madurez, es el manual para guiar a todo ser humano.

- Para ***redargüir*** quiere decir convencer cuando alguien está mal, la palabra de Dios confronta al pecador con su pecado y lo hace volver al camino correcto (Heb 4:12,13).

- Para ***corregir***, significa enderezar lo torcido a algo recto; restaurar a la condición original. Por lo tanto, *corregir* se refiere a enderezar acertadamente. La palabra de Dios tiene el poder de restaurar todo aquello que se distorsiona (Salmo 119:9-11; Jn 15:1,2).

- Para ***instruir en justicia*** suministrando adiestramiento positivo, no solo represión y corrección. (Hch 20:32; 1 Ti 4:6; 1P 2:1,2).

a fin de que el hombre de Dios sea perfecto, enteramente preparado para toda buena obra. "**Hombre de Dios**", increíble, pero este término que se usa unas 70 veces en el AT solo se usa en el NT en referencia a Timoteo (1 Ti 6:11). Una vez más Pablo se encarga de reafirmar quién es Timoteo y lo pone como modelo, de lo que desea que las Escrituras hagan en todo siervo de Dios.

Capacitado para cumplir con todas las exigencias y requisitos de un ministerio dotado por el Espíritu Santo en cualquier tiempo y circunstancia (Efesios 4:11-13).

SEGUNDA EPÍSTOLA A TIMOTEO

CAPÍTULO 4

Predica la Palabra, 2 Ti 4:1-8

4:1,2 *"Te encarezco delante de Dios y del Señor Jesucristo, que juzgará a los vivos y a los muertos en su manifestación y en su reino, ²que prediques la palabra; que instes a tiempo y fuera de tiempo; redarguye, reprende, exhorta con toda paciencia y doctrina".*

El Apóstol, como ejemplar mayordomo, quería dejar en manos seguras la obra de Dios, que se había desarrollado ejemplarmente en tantos países y ciudades, durante más de 30 años de ministerio. Sabía que los tiempos de supervisión directa habían quedado en el pasado. Pablo estimaba que el final de su ministerio estaba cerca y tristemente, el incremento de la apostasía aumentaba cada vez más. Además, el retorno de Cristo era inminente, real y profético, y el tiempo de su segunda manifestación se aproximaba, como siempre lo sintió y así lo transmitió.

Pablo expresa su anhelo a Timoteo, con las siguientes palabras: *"Te encarezco"* del griego *diamarturomai*, que significa *"testificar exhaustivamente, dar solemne testimonio"*, se aplica a transmitir imperativamente los contenidos de la verdad. Se usa en pasajes sobresalientes como cuando Moisés manda a Israel (Dt 29:1,9; 30:11), Moisés encarga a Josué (Dt 31:7,8,23). (Diccionario expositivo de palabras del AT y NT). Vine Al declarar *"delante de Dios"*, apela al Todopoderoso como testigo y seriedad de la misión, *"y del Señor Jesucristo, que juzgará a los vivos y a los muertos"*.

En cuanto a dar testimonio de Cristo, Pablo había sido un ejemplo de predicador incansable. El apóstol le ratifica a Timoteo el propósito principal de su ministerio, *"que prediques la palabra"* del griego *kerússo* que significa *"anunciar en calidad de oficial"* (Diccionario Strong de palabras originales del AT y NT). Un predicador, es como un heraldo que estaba revestido de autoridad para anunciar de manera pública lo que el rey deseaba que sus gobernados escucharan. Al heraldo oficial, le quedaba prohibido anunciar un mensaje de su propia cuenta. Siguiendo esa figura, el predicador debe ser muy cuidadoso en lo que enseña y predica.

El mensaje de la gracia debe anunciarse, *"a tiempo y fuera de tiempo"*, esto significa darle al mensaje prioridad, aprovechando todo momento. Timoteo necesitaba estar preparado en todo tiempo para cumplir su trabajo de predicador. Que debería predicar en toda circunstancia, ya fuera que los receptores lo consideraran oportuno o aún inoportuno. Este evangelio no debía detenerse por ninguna razón humana, pues es de carácter permanente.

Pablo encomienda a Timoteo que:

a) **"instes"**, *"persiste en hacerlo"*, expresa la biblia NVI, estando cerca, saliendo al encuentro. Aplicar lo que dice la Palabra en la vida de las personas, y decirlo con valor, aunque no estuvieran dispuestos a escuchar.

b) **"redarguye"** del griego *elenjo*, *"convencer, refutar, reprender"*, Jesús ocupó este término en su defensa *"¿Quién de vosotros me redarguye de pecado? Pues si digo la verdad, ¿por qué vosotros no me creéis?"* (Jn 8:46). Esta palabra es la misma que usó Pablo en 2 Timoteo 3:16.

c) **"reprende"** del griego *epitimao*, *"el término expresa la denuncia de algo"*, se refiere a denunciar el pecado, expresando una intensa desaprobación, y censurar severamente al que ha infringido la ley de Cristo. (Dicc. de idioma bíblicos: griego del NT por J.Swanson 2001) Timoteo debía predicar el evangelio puro, con amor, lleno de misericordia.

d) **"exhorta"** del griego *parakaleo*, *"asume el acto de amonestar, apremiar a alguien para que siga un curso de conducta"*. (Dicc. de idiomas bíblicos: griego del NT, por J. Swanson 2001) En los escritos de Pablo, la acción de "exhortar" muestra un sentido de súplica o de consuelo inmediato. El Apóstol le pide a Timoteo que exhorte a los creyentes delante del Señor para evitar que su conducta sea corrompida y que lo haga con *"toda paciencia y doctrina"*.

La paciencia es el elemento que no puede faltar en el carácter del discípulo, para cumplir con las demandas del ministerio. En ese espíritu, Timoteo debía compartir la doctrina por donde quiera que fuere.

4:3-5 *"Porque vendrá tiempo cuando no sufrirán la sana doctrina, sino que teniendo comezón de oír, se amontonarán maestros conforme a sus propias concupiscencias, ⁴y apartarán de la verdad el oído y se volverán a las fábulas. Pero tú sé sobrio en todo, soporta las aflicciones, haz obra de evangelista, cumple tu ministerio."* *"Tú por el contrario, sé prudente en todas las circunstancias, soporta los sufrimientos, dedícate a la evangelización, cumple con los deberes de tu ministerio"* **(Biblia NVI)**

La expresión del apóstol Pablo, *"porque vendrá tiempo cuando no sufrirán la sana doctrina"*, demuestra el peligro que la sana doctrina enfrentaría, tomando en cuenta que ésta contribuye al desarrollo del carácter, la santidad y la espiritualidad del creyente. Guiado por el Espíritu Santo advirtió que, en el futuro, la receptividad de los creyentes sería alterada. Y muchos *"teniendo comezón de oír"*, escucharán nuevos discursos de falsos maestros, cambiando la sana doctrina por mensajes novedosos llenos de engaño.

PARA MEDITAR

Pablo y los demás apóstoles percibieron la facilidad con la que los creyentes no muy firmes, eran dados a abrir sus oídos a otras enseñanzas, en muy poco tiempo. Esto se ha repetido a través de los siglos. Hoy cuando se cuenta con tantos medios de información, al alcance de un teléfono, las doctrinas falsas han proliferado, engañando a muchos cristianos pentecostales. Ya sea que escuchen a quienes dicen que la manifestación de los dones ha cesado (se les llama cesacionistas), que no se necesita el bautismo con el Espíritu Santo, o que el rapto de la iglesia nunca se dará como se ha enseñado etc. etc. La **comezón de oír,** sigue haciendo sufrir.

"se amontonarán maestros conforme a sus propias concupiscencias". "*³Porque vendrá el tiempo cuando no soportarán la sana doctrina, más bien, teniendo comezón de oír, amontonarán para sí maestros conforme a sus propias pasiones*" (Biblia RVR 1915). Puede referirse a predicadores elocuentes que entretendrán y que asegurarán que no dejarán de ser creyentes, aunque vivan según su naturaleza pecaminosa. Lo que se observa cada vez más en el presente siglo malo.

Muchos creyentes, hoy en día, no soportan las predicaciones que señalan el pecado, la justicia, el perdón y la lealtad a Dios.

Por esta razón, Pablo expresó *"apartarán de la verdad el oído y se volverán a las fábulas". "rechazarán la verdad e irán tras de mitos"* (Biblia NTV). Esto incluye la concepción errónea que tiene el ser humano acerca de Dios, así como las especulaciones, lo cual incluye fábulas, narrativas, historias, ficciones y falsedades. (Robertson, A. (s.f.). Imágenes verbales en el N.T. Tomo 4). Pablo aconseja evitar las fábulas (los mitos). (1 Ti 1:4), que se definen como "historias descabelladas, sin una base seria".

Pablo persiste en el consejo a Timoteo, *"pero tú sé sobrio en todo",* el ministro verdadero debe ser sobrio, del griego *néfo, "abstenerse de vino",* lo cual indica un estado de alerta moral (W.E.Vine, en su Dicc. Exp. de palabras del AT y NT). Los maestros falsos permanecían "embriagados", eso provocaba que hablaran locuras diversas, fábulas místicas que estimulaban fuertemente los oídos de la audiencia. Desde luego que embriagarse, no solo tiene un sentido figurado, sino real. Timoteo debía abstenerse de bebidas embriagantes.

Además, le exhorta diciéndole *"soporta las aflicciones",* es decir, debía vivir consciente de la incertidumbre de cada día y tendría que prepararse para resolver problemas de toda índole.

La expresión, *"haz obra de evangelista, cumple tu ministerio".* Felipe el evangelista (Hch 21:8) muestra con su vida una clara descripción de la obra de un evangelista según las normas del NT. Felipe predicaba el evangelio de Cristo (Hch 8:4,5,35) mucho se salvaban y se bautizaban con agua (Hch 8:6,12). Milagros, sanidades y liberación se observaban (Hch 8:6,7,13), y los recién convertidos eran llenos del Espíritu Santo (Hch 8:12-17; compárese con 2:38 y 19:1-6)

NOTA HISTÓRICA

> Parece ser que después del primer siglo, sólo se mencionaron los ministerios de pastores y maestros. De hecho, con el surgimiento del papado, solo maestros. Con la Reforma Religiosa de los siglos XVI y XVII (1600 y 1700) vuelven a aparecer los pastores y los maestros. Los evangelistas hasta los 1700s con Juan Wesley (1703-1791) y Jorge Whitefield (1714-1770). Éste recibió el título de "príncipe de los predicadores al aire libre". En Inglaterra llegó a reunir multitudes cercanas a las cienmil personas y en Estados Unidos, el famoso Benjamín Franklin le registró 7 predicaciones en una semana en varios lugares, que sumaron 24 500 oyentes.
>
> A finales de 1800 y por todo 1900, surgieron D. L. Moody, Katheryn Kulman, Billy Graham, Roberto Fierro, Luis Palau (1934-2021), Carlos Anacondia, Alberto Motessi, Franklin Graham y miles más, predicando al aire libre, en carpas, en grandes auditorios o por la televisión. Muchos de ellos son pastores/evangelistas usando también el Facebook o el zoom.
>
> En 1983 Billy Graham organizó un congreso mundial de evangelismo en Holanda con el texto paulino: **"Haz obra de evangelista",** que concentró a 10 000 líderes, pastores y evangelistas. De México asistimos los Pbros. Guillermo Fuentes, Isaí Montoya, Macario De la Cruz y Teófilo J. Aguillón, quienes fuimos impactados y continuamos impulsando el evangelismo y a los evangelistas. A nivel mundial Franklin Graham continúa.

Los ministerios de apóstol y profeta que casi no se mencionaban, resurgieron en estos años. El "cesacionismo" que grupos no pentecostales apoyan, queda descalificado, los 5 ministerios están vivos y muy efectivos ("continuismo").

4:6-8 *"Porque yo ya estoy para ser sacrificado, y el tiempo de mi partida está cercano. ⁷He peleado la buena batalla, he acabado la carrera, he guardado la fe. ⁸Por lo demás, me está guardada la corona de justicia, la cual me dará el Señor, juez justo, en aquel día; y no solo a mí, sino también a todos los que aman su venida."*

> Esta despedida paulina es una de las porciones bíblicas más citadas cuando un creyente fallece, o un ministro reconocido parte, y se reconocen sus virtudes, desafiando a los presentes a vivir de tal manera, que se merezcan esas palabras al final.

El lenguaje que se usa es propio del Antiguo Testamento, *"ser sacrificado"*, o ser ofrecido en libación según lo muestra el decálogo de los sacrificios levíticos. Pablo considera aquí su muerte como una verdadera ofrenda para Dios. El Espíritu le indicaba: *"el tiempo de mi partida está cercano"*, y luego las inspiradas expresiones que salen del corazón del siervo de Dios, hoy en día también retumban en la vida de todo creyente, impulsándole a ser fiel hasta el final:

"Su ofrenda será dos décimas de efa de flor de harina amasada con aceite, ofrenda encendida a Jehová en olor gratísimo; y su libación será de vino, la cuarta parte de un hin". (Levítico 23:13). Pablo considera su muerte como una verdadera ofrenda para Dios.

Un tiempo atrás el apóstol había escrito metafóricamente a la iglesia de Filipos, *"Y aunque sea derramado en libación sobre el sacrificio y servicio de vuestra fe, me gozo y regocijo con todos vosotros"* (Fil 2:17). La libación históricamente se conoce como una ofrenda líquida. Se registra por primera vez en Génesis 35:14, siendo practicada por Jacob.

He peleado la buena batalla, es una expresión que sale del suspiro del corazón de Pablo. Esta batalla, (*onos, "indica lucha, pelea, conflicto, oposición*), se refiere a un luchador, no a un soldado. El uso del adjetivo "buena" no da a entender que Pablo luchó bien o que haya ganado, sino que ha sido partícipe en una lucha que valió la pena, es decir, un trabajo sumamente importante, que fue un privilegio realizar. Una pequeña lista pudiera incluir luchas contra: Satanás, (Ef 6:12) contra los vicios de judíos y paganos (3:1-5), contra el judaísmo (Hch 20:19) contra el antinomianismo (las leyes divinas) y la inmoralidad en la iglesia (2 Cor 12:20,21), contra los falsos maestros (Hch 20:28-31; 2 Tim 3:3,4) contra la tergiversación del evangelio (Gá 1:6-12) contra la mundanalidad y el pecado (Rom cap. 6, Rom 8:13). (B. Vida Plena p.1755).

he acabado la carrera, he guardado la fe. Pablo reflexiona sobre su ministerio histórico, considerando su vida como una carrera donde muchos participan, y se torna en ejemplo para que todos lleguemos a la meta. Muestra, como debe ocurrir en todo fiel cristiano, una actitud sana y positiva hacia la muerte. Al cumplir la voluntad de Dios se muestra firmeza y seguridad en la partida final.

Muchos años antes había expresado: *"Pero eso a mí no me preocupa, pues no considero mi vida de mucho valor, con tal de que pueda terminar con gozo mi carrera y el ministerio que el Señor Jesús me encomendó, de hablar del evangelio y de la gracia de Dios"* (Hechos 20:24). El apóstol tenía la convicción que su carrera solo podría ser interrumpida por la muerte, por lo que, al llegar ese momento la batalla habría terminado.

Por lo demás, me está reservada la corona de justicia que en aquel día me dará el Señor, el juez justo; y no solo a mí, sino también a todos los que aman su venida" La figura de la corona, es una metáfora que el apóstol usa, pues era familiar en la cultura greco-romana, en donde al terminar exitosamente una carrera o competencia, el ganador era coronado y condecorado públicamente. La corona, era un arreglo de guirnaldas laureadas que se colocaban en la cabeza de dignatarios militares o atletas victoriosos. El apóstol se expresa en lenguaje figurado al hablar de ***"la corona de justicia"***, que, por el contexto indica que se refiere a la justicia eterna. La justicia de Cristo perfeccionada en el creyente.

> **En la Biblia se mencionan varias coronas:** la corona de gozo (1 Ts 2:19); la corona incorruptible (1 Co 9:25) La corona de vida (Stg 1:12); la corona de gloria (1 P 5:4) y desde luego la corona de justicia (2 Ti 4:8).

Instrucciones personales, 2 Ti 4:9-18

4:9-15 *Procura venir pronto a verme, ¹⁰porque Demas me ha desamparado, amando este mundo, y se ha ido a Tesalónica. Crescente fue a Galacia, y Tito a Dalmacia. ¹¹Sólo Lucas está conmigo. Toma a Marcos y tráelo contigo, porque me es útil para el ministerio. ¹²A Tíquico lo envié a Éfeso. ¹³Trae, cuando vengas, el capote que dejé en Troas en casa de Carpo, y los libros, mayormente los pergaminos.*

¹⁴Alejandro el calderero me ha causado muchos males; el Señor le pague conforme a sus hechos. ¹⁵Guárdate tú también de él, pues en gran manera se ha opuesto a nuestras palabras".

Pablo en esta despedida formula una lista de colaboradores, que bien pudieran representar a los creyentes que rodean a un líder durante su vida:

Demas: un colaborador cercano por varios años, junto a Lucas y Epafras (Col 4:12-14; Filemón 24), sin embargo, ahora en su ancianidad y encarcelamiento lo ha abandonado; *me ha desamparado, amando este mundo, y se ha ido a Tesalónica.* Prefirió esa tranquila ciudad en el norte de Grecia, que la peligrosa Roma, en donde tal vez, lo podrían inmiscuir junto a Pablo. **Demas** reprobó

Alejandro: tildado como el calderero, una persona que le hizo mucho daño al Apóstol y que todo mundo debía evitar. Muy seguro que se trata del mismo Alejandro de 1 Timoteo 1:20, a quien había entregado ya a Satanás. Un clásico ejemplo de los desertores o traidores de la Obra y aún ministerios, que no paran de hacer daño. Este individuo reprobó catastróficamente.

Crescente fue a Galacia: la provincia romana en la parte central de Asia Menor, en donde Pablo ministró en cada uno de sus tres viajes misioneros, en las famosas ciudades de Antioquía, Listra, Iconio y Derbe, de tantos recuerdos. **Crescente** pasó el examen como un ministro aprobado.

Tito, a quien Pablo llamó *"verdadero hijo en la común fe"* (Tito 1:4), ahora lo envió a Dalmacia. Esta provincia se conoce también como Ilírico, a la que Pablo la pone como frontera de sus viajes, en Romanos 15:19 (posiblemente Croacia, hoy). Después de Timoteo, Tito, fue el amigo y colaborador más cercano de Pablo, a quien le dirigió la importante "Epístola a Tito". Se le menciona trece veces en el NT, siempre relacionado con Pablo. **Tito** pasó el examen como un notable ministro aprobado.

LUCAS: *"El médico amado"* (Col 4:14) y fiel colaborador de Pablo (Flm 24). Pasa a la historia, junto al gran honor de ser compañero inseparable del Apóstol de los gentiles, de ser el autor del Evangelio de Lucas y del Libro de los Hechos (que comprenden más de una cuarta parte del NT). Por sus escritos se sabe que era una persona instruida, un escritor experto y un historiador esmerado. *"me ha parecido también a mí, después de haber investigado con diligencia todas las cosas desde su origen, escribírtelas por orden oh excelentísimo*

Teófilo" (Lc 1:3). Debió haber realizado sus investigaciones cuando Pablo estaba en la cárcel en Cesarea (Hch 21:17; 23:23 – 26:32) y como se cree, haber completado su evangelio, por los años 60-63 d.C. al llegar a Roma acompañando a Pablo (Hch 28:16).

¡Qué honor para Pablo, que sus dos cercanos colaboradores, Lucas y Marcos, ¡fueran autores de dos de los evangelios que narran la historia terrenal de nuestro Salvador!

MARCOS: Pablo le encomienda a Timoteo que localice a Marcos y lo lleve a Roma. Es sorprendente leer lo que el Apóstol dice de Marcos, *"ahora me es útil para el ministerio".* Años atrás, Marcos había desertado del viaje que había emprendido junto a Pablo y Bernabé, en el primer viaje misionero (Hch 13:13), dejando una mala impresión en Pablo, pero se reivindicó con los años y ahora está solicitando su presencia, porque le **es útil para el ministerio.** Como se sabe, Marcos es autor de uno de los cuatro evangelios. Según Papías (130 d.C) y otros padres de la iglesia del siglo II, Marcos recibió el contenido de su evangelio por conducto de Pedro, lo escribió en Roma y lo adaptó para los creyentes romanos (B. Est. Pent Pg 1347). Los eruditos mencionan los años 55-65 d.C. en que pudo haberlo escrito.

Al solicitar Pablo a Timoteo, la presencia de Marcos por el año 67 d.C. en que estaba **para ser sacrificado**, es muy probable que el Evangelio según San Marcos ya estaba circulando y aún Pablo ya lo había leído. **Juan Marcos,** pasó el examen como ministro aprobado en grado de excelencia.

Tíquico, Pablo le tenía tanta confianza que lo comisionó para llevar sus importantes cartas a las iglesias de Éfeso y Colosas, a las cuales animó informándoles de los avances de Pablo. Así mismo como algunos infieren, llevó las cartas a Filemón, Tito y la Segunda a Timoteo (2 Tim 4:11; Tito 3:12) Pablo lo llamó *"amado hermano y fiel ministro"* (Col 4:7). Posiblemente Tíquico reemplazó a Timoteo, cuando éste salió para visitar a Pablo. **Tíquico,** pasó el examen como un ministro aprobado.

¹³Trae, cuando vengas, el capote que dejé en Troas en casa de Carpo, y los libros, mayormente los pergaminos.

El capote era una especie de poncho (capa gruesa), confeccionada de lana y repelente al agua; los viajeros lo usaban en tiempos de frío o de lluvia. Pablo no pretendía viajar, pero en la celda subterránea, con frío y humedad, eran necesarios para respaldar el poco abrigo que seguro tenía

El apóstol Pablo no solamente encarga a Timoteo el capote, sino que también le pide *"los libros, mayormente los pergaminos".* Al mencionar, *"los libros",* se podría estar refiriendo, bien a los rollos de papiro, a su correspondencia personal, a sus notas de estudio, o algún otro documento, digno de un hombre tan estudioso. *"los pergaminos",* pudieran señalar porciones del Antiguo Testamento en griego, o bien narraciones o relatos, referentes al Señor Jesucristo.

4:16-18 *En mi primera defensa ninguno estuvo a mi lado; sino que todos me desampararon; no les sea tomado en cuenta. ⁱ⁷Pero el Señor estuvo a mi lado, y me dio fuerzas, para que por mí fuese cumplida la predicación, y que todos los gentiles oyesen. Así fui librado de la boca del león. ¹⁸Y el Señor me librará de toda obra mala, y me preservará para su reino celestial. A él sea gloria por los siglos de los siglos. Amén.*

Pablo alude una experiencia judicial, *"en mi primera defensa"*. Tal vez no se refiere a su primer encarcelamiento, sino que se refiere a una audiencia previa que precede al juicio, pues aún estaba en la cárcel. En dichos juicios, era necesario que los abogados defensores intervinieran a favor del acusado, pero en la audiencia de Pablo ninguno estuvo presente para defenderlo, sino que todos los defensores lo desampararon y quedo sin protección jurídica.

Pablo expresa que lo habían abandonado, no se trata de sus compañeros de ministerio como Lucas, Tito, Tíquico y los hermanos de Roma. Tal vez ellos no estaban en la ciudad en la fecha de la audiencia, o no cumplían con los requisitos para poder litigar en su defensa, ya que los defensores debían estar bien identificados y ser conocedores de las leyes romanas. Los compañeros no eran abogados o con conocimientos jurídicos, así que no pudieron ser ellos los que lo abandonaron.

En el primer juicio Pablo celebra que fue *"librado de la boca del león"*, el autor usa una metáfora en esta ocasión, pero no se refiere a los leones del coliseo romano, ya que los ciudadanos romanos no eran sometidos a ese castigo. Es posible que "el león" sea una forma enigmática de referirse al emperador, o de un proverbio popular que se aplicaba cuando alguien salía victorioso de un peligro severo. Pablo incluye una paradoja que atesora una gran verdad divina, *"y el Señor me librará de toda obra mala, y me preservará para su reino celestial"*, esto es una afirmación que denota una confianza total en Jesús, aun enfrentando la misma muerte.

Saludos y bendición final, 2 Ti 4:19-22

4:19-22 *"Saluda a Prisca y a Aquila, y a la casa de Onesíforo. ²⁰Erasto se quedó en Corinto, y a Trófimo dejé en Mileto enfermo. ²¹Procura venir antes del invierno. Eubulo te saluda, y Pudente, Lino, Claudia y todos los hermanos. ²²El Señor Jesucristo esté con tu espíritu. La gracia sea con vosotros. Amén."*

Prisca (Priscila) y Aquila encabezan esta última lista. Pablo los conoció en Corinto (Hch 18:1-3), constructores de tiendas igual que él, hospedaron al Apóstol y nunca se separaron, ni físicamente, ni en comunión, cuando es tuvieron cerca o cuando los dejó en Éfeso o cuando supo de sus éxitos, fundando iglesias o instruyendo a elocuentes predicadores (Hch 18: 24-28). Un ejemplo de matrimonio, que todos los pastores desearían. Aquila y Priscila pasaron el examen en un grado notable y de excelencia.

Onesíforo, posiblemente residente de Éfeso, de quién al inicio de la carta hace referencia destacando sus cualidades (1:16-18) y agradeciendo su visita, en donde no mostró temor alguno cuando vino a visitarlo a Roma. Onesíforo pasó el examen como un creyente aprobado.

Erasto y Trófimo, son mencionados en el libro de los Hechos durante el tercer viaje misionero de Pablo. Erasto fue enviado con Timoteo a Macedonia (Hch 19:22); Trófimo les acompañó al finalizar el viaje (Hch 20:4,5). Este equipo de trabajo era incansable, tenían una visión conjunta y todos se esforzaban por la expansión del reino de Dios. Pasaron el examen como ministros aprobados.

Eubulo te saluda, y Pudente, Lino, Claudia y todos los hermanos. Estos hermanos eran miembros de la iglesia cristiana en Roma, ellos conocían también a Lucas, Aquila, Priscila y Timoteo, con quienes habían convivido durante su estancia en la capital del imperio.

y todos los hermanos. Esta frase incluye a los centenares de creyentes, que habían surgido en Roma y por todas las ciudades del Imperio. No están sus nombres en las Sagradas Escrituras, pero sí en el libro de la vida.

El Señor Jesucristo esté con tu espíritu. La gracia sea con vosotros. Amén."

¡Un hermoso epílogo de bendición para todas las edades!

EPÍSTOLA DEL APÓSTOL PABLO A TITO

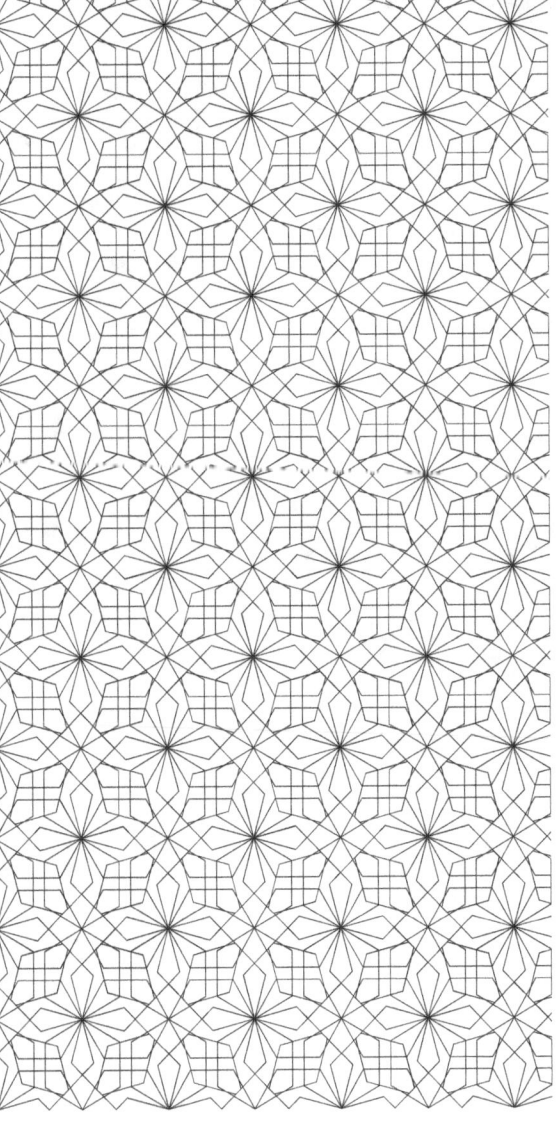

Escritores

Pbra. Ma. Angeles Ariguznaga Santos

Pbro. Francisco Javier Rosas Flores

Pbro. Gustavo Martínez Santiago

Editores

Pbra. B. Elizabeth Ramírez Rosales

Rev. David L. Aguillón

Editor General

Dr. Teófilo J. Aguillón

Diseño y relaciones públicas

Joel Aguillón

Rubén D. Aguillón

Eduardo Canché V.

Kelly G. Palomino

INTRODUCCIÓN

La Epístola a Tito, fue redactada y enviada después de la Primera Epístola que Pablo escribió a Timoteo. Pablo navegó con Tito a Creta donde lo dejó para que organizara debidamente a las iglesias que habían surgido y les designara ancianos/pastores. Tito, griego de nacimiento (Gá 2:3), fue por seguro uno de los convertidos de Pablo (Tito 1:4). Estuvo presente con el Apóstol en el Concilio de Jerusalén (Hechos 15). A pesar de la insistencia de los judaizantes, Pablo se negó a circuncidarlo (Gá 2:3), tenía gran confianza en él, junto a Timoteo y le confió misiones importantes (2 Co 7:6,7,13-16; 2 Co 8:16-24).

La Epístola es corta, con sólo tres capítulos; pero condensa una gran cantidad de instrucción abarcando doctrina, moral y disciplina. Martín Lutero dijo de la Carta: *"Esta es una epístola corta, pero una quintaesencia de doctrina cristiana, y compuesta de tal manera, que contiene todo lo necesario para el conocimiento y la vida cristiana."*

Autor

Pablo ratifica su apostolado, confianza, y responsabilidad (1:1-3) y dirige a Tito la carta llamándole *Verdadero hijo en la común fe* (1:4). Haciendo mención del propósito de su estancia en la Isla de Creta para establecer ancianos en las Iglesias nacientes, a fin de señalarles sus responsabilidades dentro de la estructura administrativa de las Iglesias (1:5). En la parte final de la carta, Pablo pide a Tito que se apresure a venir a Nicópolis (3:12) cuando llegaran Artemas o Tíquico, a suplirlo en la Iglesia de Creta en su ausencia.

Receptor

Tito considerado por Pablo como *verdadero hijo en la común fe* (1:4), a quien le precisa el motivo por el cual le dejó en Creta: corregir lo deficiente y establecer ancianos (1:5), como ya se dijo antes. La conversión de Tito fue resultado de la predicación de Pablo en Antioquía de Siria.

A Pablo se le debe también cuanto se sabe acerca del carácter, personalidad y ministerio de ese amigo y gran colaborador suyo. El apóstol lo menciona en tres de sus epístolas (2 Co 2:13; 7:6-7,13-14; 8:6, 16,23; 12:18; Gá 2:1, 3 y 2 Ti:10), y desde luego, le dirige la presente.

El libro de los Hechos, sin embargo, no contiene ninguna referencia a Tito, a pesar de que, cómo se cree pudo haber sido compañero de Pablo y Bernabé en su viaje a Jerusalén, cuando tuvo lugar la llamada «asamblea de los apóstoles» o Concilio de Jerusalén (Hch 15:4–29; cf. Gá 2:1). Es seguro que su presencia allí representó un papel relevante en apoyo de las razones de Pedro, Pablo, Jacobo y otros, frente a quienes pretendían que los gentiles, para llegar a ser cristianos, se sometieran a la ley mosaica (Hch 15:1, 5; cf. Gá 2:3).

Pasado el tiempo, el Apóstol confió a Tito misiones tan delicadas como poner orden en la iglesia de Corinto (2 Co 2:13; 7:6,7,13,14; 8:6, 16,23; 12:18) y organizar la vida de la comunidad cristiana en la isla de Creta (Tito 1:5). También visitó Dalmacia, (la actual Croacia) al norte del litoral adriático (2 Ti 4:10), visita de la que no ha quedado información. Pablo, que pensaba pasar el invierno en Nicópolis, le rogó que fuera allá a estar con él (Tito 3.12).

Ocasión

El punto medular: *Corregir lo deficiente* (1:5) en el establecimiento del liderazgo en la Iglesia de Creta (1:6-16), además de darle diversas Instrucciones sobre la fundación y desarrollo de la Iglesia:

1. Cualidades sanas de una iglesia (2:1-15)

2. La responsabilidad de la Iglesia en su entorno social (3:1-8)

3. Evitando todo tipo de discusión vana e inútil (3:9-11)

Iglesia

La Carta está dirigida a la persona de Tito, y no a una iglesia en particular.

Fecha y lugar de redacción

No se ha conservado información precisa acerca del lugar y ocasión en que fue redactada la Epístola a Tito. Algunos piensan que pudo ser enviada desde Macedonia, en fecha anterior al último y definitivo encarcelamiento de Pablo, entre los años 63 al 67.

Reseña histórica-geográfica

Creta (en griego Κρήτη "Kriti") es la isla más grande de Grecia y la quinta en tamaño dentro del Mar Mediterráneo. Actualmente el archipiélago cretense conforma una de las 13 periferias y una de las 7 administraciones descentralizadas de Grecia. Hasta principios del siglo XX también se la conoció con el nombre de Candía, topónimo que deriva del latín candidus («blanco») y que le aplicaron los marinos y comerciantes italianos del Medievo. Posee una superficie de 8300 kilómetros cuadrados, una costa de 1040 kilómetros, y una población de unos 600,000 habitantes. Su capital es la ciudad de Heraclión. Allí se ha establecido una base naval norteamericana.

Clima

Su clima es mediterráneo con divergencias entre el norte, más húmedo que el sur debido a la menor incidencia de los rayos solares (vertiente de umbría al norte y de solana al sur); también la zona oeste (vertiente de barlovento) es más húmeda que la oriental. La forma alargada de la isla (265 kilómetros de longitud) da origen a un déficit hídrico en la zona oriental debido a que se encuentra a sotavento de los vientos del oeste.

Población

Según el censo de 2021 su población era de 631 878 habitantes, casi la misma que la población total en el resto de las islas de Grecia. Con una densidad de 72 habitantes por kilómetro cuadrado, tiene una media inferior a la media del país (83 hab./km²). Esta población se ha visto mermada por el éxodo rural desde mediados del siglo XX. La emigración al exterior se ha dirigido hacia Atenas y varios países de Europa, mientras que la interior ha tenido como receptoras a las ciudades insulares de la fachada egea.

Economía

Su economía es básicamente agraria, aunque el turismo va en aumento. Existe un núcleo industrial en torno a la capital. Entre los productos agrícolas destacan las uvas pasas, además del olivo, los cereales, las hortalizas y los frutales. Su ganadería, en retroceso, es predominantemente ovina y caprina.

Protohistoria y Edad Antigua

Hacia finales del siglo XV a. C., la isla sufrió la invasión de los aqueos, quienes habían desarrollado una civilización en la Grecia continental, fundamentalmente en el Peloponeso, no exenta de fuertes influencias cretenses. Con la expansión de los invasores, los cretenses abandonaron los palacios. Las civilizaciones micénicas continentales, barajándose también la posibilidad de que una colonización de emigrados cretenses en las costas del sur de Canaán fuese el origen de los filisteos (peleset), que aparecen en la Biblia y de cuyo nombre procede el topónimo Palestina. Estos filisteos fundaron varias ciudades en la costa meridional cananea: Gaza, Asdod, Ecrón, Ascalón y Gat.

Valor de la Epístola

Esta carta a Tito trata tanto del orden que debe seguir el gobierno de la iglesia como el ministerio cristiano, y es una clara exhortación para vivir plenamente el evangelio.

Este estudio enfoca diferentes puntos desarrollados a lo largo de la carta a Tito, entre otros:

La enseñanza sana (corrigiendo a los líderes).

La vida sana (comportamiento de la iglesia).

La obra sana (producto de practicar el evangelio).

Por algunas circunstancias Pablo no pudo terminar su obra en Creta, pero dejó a Tito para que organizara debidamente la obra y ordenara a los ancianos. Hasta allí, habían llevado los judaizantes sus doctrinas. El trabajo no era fácil, en Hechos 2:11 se pone en evidencia que hubo cretenses en el día de pentecostés, quienes se caracterizaban por su deshonestidad. Se registra en el libro de Tito el testimonio de un profeta de este lugar cuando dice: "su profeta" (1:12) refiriéndose a un profeta cretense, probablemente Epiménides, que vivió en Cnosos en el siglo VI A.C., que testificaba del proceder errado de los cretenses. Contra tales cosas debía Tito contender y enseñar enérgicamente una doctrina sana. Pablo exhorta a Tito en 1:13,14, a reprender a los cretenses por su vana manera de vivir, instándole a corregir por medio de la doctrina pura, el liderazgo y la iglesia de Creta.

Se resaltan la enseñanza y la pureza como elementos de corrección.

Enseñanza

Enseñar es transmitir conocimientos con la finalidad de conseguir un cambio en múltiples aspectos, en quien es enseñado. Pero no sólo eso consigue la enseñanza, sino que retroalimenta a aquel que la lleva a cabo. Es una acción que trae frutos de ambos lados, en la relación maestro-discípulo y discípulo-maestro. El apóstol Pablo anima a Tito a usar de manera vehemente la enseñanza de la sana doctrina para lograr cambios sustanciales en el modo de vida de los cretenses (Tito 2:1).

Pureza

La pureza es la condición de algo que no ha sido mezclado, tal definición viene respecto al énfasis de actuar conforme a la piedad y al buen obrar. *"Todas las cosas son puras a los puros, más para los corrompidos e incrédulos nada le es puro".* (Tito 1:15) Sencillamente no pueden reconocer, o concebir lo puro, porque solo tienen en el corazón corrupción y engaño.

Dios ha sido siempre representado por lo claro, limpio, trasparente: lo puro. Su deseo es que el hombre se ubique en el propósito original en que lo creó y que sea redimido por su sangre.

Breve Bosquejo

A. Introducción (1:1-4)

B. Saludo Paulino (1:4)

C. Comisión fundamental (1:5)

D. Requisitos para el Liderazgo (1:6-16)

E. Responsabilidades familiares (1:6-9)

F. Supervisión de los líderes (1:10-16)

G. Cualidades de una Iglesia sana (2:1-15)

H. Relación con la sociedad (3:1-7)

I. Orientaciones finales (3:8-11)

J. Actitud ante las divisiones (3:9-11)

K. Saludos y despedida (3:12-15)

EPÍSTOLA DEL APÓSTOL PABLO A TITO

CAPÍTULO 1

Salutación, 1:1-4

1:1-4 Pablo, siervo de Dios y apóstol de Jesucristo, conforme a la fe de los escogidos de Dios y el conocimiento de la verdad que es según la piedad,² en la esperanza de la vida eterna, la cual Dios, que no miente, prometió desde antes del principio de los siglos,

³ y a su debido tiempo manifestó su palabra por medio de la predicación que me fue encomendada por mandato de Dios nuestro Salvador,⁴ a Tito, verdadero hijo en la común fe: Gracia, misericordia y paz, de Dios Padre y del Señor Jesucristo nuestro Salvador.

Pablo se presenta como siervo de Dios. Una presentación que no había usado con regularidad, y que pasa pronto de ser una presentación con saludo afectuoso, a convertirse en una introducción teológica que describe el apostolado de Pablo, que implica la fe y el conocimiento de la verdad fundamentada en la esperanza de la vida eterna. Pablo jamás deja de enfatizar el privilegio de su llamado y encomienda, así como la de manifestar la seguridad y certeza de la palabra y los propósitos de Dios.

"el conocimiento de la verdad que es según la piedad". Pablo insta a Tito a predicar un evangelio que produzca en quien lo acepte, una vida transformada, obediente a los requerimientos bíblicos, una vida piadosa, (1:16) llena de amor genuino (1 Cor 13:1).

 PARA MEDITAR

La obediencia al llamado produce urgencia de proclamar el evangelio de Cristo, sin desmayar, sin desanimarse, sin frustrarse por alguna adversidad, con una meta clara, con persistencia inquebrantable y un propósito definido. Pablo expresó: *"Me es impuesta necesidad de que predique el evangelio y ¡ay de mi si no predico! (1 Co 9:16)*

¿Cómo describiríamos nuestra firmeza en la vida cristiana? ¿Cuál es la dimensión de la pasión que nos mueve?

"en la esperanza de la vida eterna, la cual Dios, que no miente, prometió desde antes del principio de los siglos". Hebreos 6:18 afirma que: *"es imposible que Dios mienta".* Es decir, que Su palabra, está contenida en "la Palabra de Dios", la Biblia. Qué los santos hombres que la escribieron fueron inspirados por el Espíritu Santo, para dar a conocer la verdad divina a la humanidad. Y de alguna manera, Pablo hace un adelanto de lo que menciona en Tito 1:12 sobre una posible cultura nacional.

"Tito, verdadero hijo en la común fe" sugiere que él era un legítimo hijo en la fe, y luego un asociado muy cercano al Apóstol. Tito, un gentil, fue uno de los colaboradores en los que más confió y dependió, lo menciona 13 veces en sus epístolas. Pablo envió a Tito a Corinto en varias misiones especiales para ayudar a la iglesia en sus problemas (2 Co 7, 8). Pablo y Tito también viajaron juntos a Jerusalén (Gá 2:3) y a Creta (Gá 1:5) en donde lo dejó para que guiara a las nuevas iglesias en su desarrollo. Lo menciona por última vez en 2 Ti 4:10, cuando se está despidiendo de sus amados. Tito tenía la habilidad para ser líder, para ser guía, por lo tanto, Pablo le asignó responsabilidades conforme a sus talentos.

Es recurrente el Apóstol, tanto en las salutaciones como en las bendiciones finales, haciendo uso de palabras tales como: gracia, fe, misericordia, paz. Todas provenientes *de Dios Padre y del Señor Jesucristo nuestro Salvador.*

La Epístola es corta, con sólo tres capítulos; pero condensa una gran cantidad de instrucción abarcando doctrina, moral y disciplina. Recuérdese lo que Martín Lutero dijo de la Carta: *"Esta es una epístola corta, pero una quintaesencia de doctrina cristiana, y compuesta de tal manera, que contiene todo lo necesario para el conocimiento y la vida cristiana."*

La epístola a Tito aborda cuatro grandes temas:

1. La administración de la Iglesia, a cargo de hombres piadosos "ancianos" "obispos" "pastores", de carácter comprobado que tengan éxito en la dirección del hogar: Tito 1:5-9, junto a 1 Timoteo 3:1-13, constituyen las dos listas en el NT enumerando los requisitos para el liderazgo en la iglesia.

2. Dos resúmenes de la verdadera naturaleza de la salvación: Tito 2:11-14 y Tito 3:4-7

3. Una delineación de la manera cristiana en la que deben vivir los ancianos - personas mayores- (2:1,2), las ancianas (2:3,4), las mujeres jóvenes (2:4,5), los jóvenes (2:6-8) y los siervos (esclavos) 2:9,10). Una relación condensada de la lista que Pablo le precisó a Timoteo (1 Ti 5:1-6:2).

4. La manera correcta de vivir: produciendo buenas obras, una vida justa, una fe genuina, ejemplos ante la familia, la iglesia y la sociedad. Tito 1:16; 2:7,14; 3:1, 8,14.

Requisitos de ancianos/obispos/pastores, 1:5-16

1:5-9 *"Por esta causa te dejé en Creta, para que corrigieses lo deficiente, y establecieses ancianos en cada ciudad, así como yo te mandé ⁶el que fuere irreprensible, marido de una sola mujer, y tenga hijos creyentes que no estén acusados de disolución ni de rebeldía.*

Tito había sido comisionado por Pablo para organizar y dirigir la iglesia en Creta. Los cretenses fueron caracterizados por su deshonestidad y por no ser dignos de confianza, (Tito 1:12). Era tarea fuerte para Tito, lidiar con tal población, pues el Apóstol les dedica una porción de la Epístola señalando todas sus graves faltas. (Tito 1:13-16).

El contenido de las epístolas pastorales presupone una organización eclesial en formación que debía ser auxiliada y en muchos casos corregida. La controversia con los judaizantes ha quedado atrás, la organización de la iglesia ha pasado del liderazgo carismático a un ministerio organizado, con personas no tan espirituales como al principio.

Creta, una isla pequeña en el mar Mediterráneo, tenía una población numerosa de judíos. Las iglesias allí probablemente fueron fundadas por judíos de Creta, que habían estado en Jerusalén durante el bendecido Pentecostés (Hechos 2:11) y habían regresado a su Isla para fundar congregaciones. Creta fue un centro de entrenamiento para los soldados romanos, por lo tanto, hubo una considerable influencia pagana en esta isla pequeña, por esa razón la iglesia en Creta necesitaba un liderazgo sólido.

Tito se encontraba en una de las Islas más grandes de Grecia en donde se unían Europa, Asia y África. Las distintas culturas se mezclaban en un crisol de ideas religiosas, filosóficas y científicas; las plazas de las ciudades se llenaban de mercancías e ideas del mundo entero, y se oían muchas lenguas distintas. Surgieron varias nuevas religiones que recogían dioses e ideas de algunas de las antiguas naciones. Esto se llama sincretismo, o mezcla de religiones. Anteriormente la gente se había sentido muy unida a su pueblo y a su ciudad-estado. Pero conforme esas separaciones y líneas divisorias se fueron borrando, mucha gente tenía dudas y se sentía insegura ante las nuevas visiones y conceptos de la vida.

Las epístolas pastorales enfrentaban en Creta y en las demás ciudades del Imperio Romano, un problema teológico claro: sostener sólidas y fidedignas las enseñanzas recibidas del magisterio apostólico frente a las enseñanzas de los falsos maestros. Estos falsos maestros eran personas aparentemente religiosas (2 Ti 3:5), pero que finalmente mostraban sus errores, tanto en sus enseñanzas como en su estilo de vida.

 PARA MEDITAR

> En los tiempos actuales se ve amenazada la fe cristiana por corrientes sutiles, que mezclan los principios bíblicos básicos con modalidades de la época. Dichas prácticas van en desacuerdo con las Escrituras y son un peligro para la iglesia, ya que muchos

creyentes han sido seducidos y arrastrados por esos falsos maestros y falsas doctrinas. La visión de Pablo, de encargar a hombres fieles y de buen testimonio la dirección de la iglesia debe estar siempre vigente.

 NOTA DOCTRINAL

Los vocablos "anciano" en el v.5 y "obispo" en el v. 7, se refieren al mismo cargo o posición. Anciano, viene de la palabra griega *presbítero*, que puede indicar tanto "un hombre viejo", como "el mayor" en un grupo; en este caso se refiere a la persona que dirige o vigila las actividades de la iglesia. El título lleva implícita la madurez de carácter que hace de la persona un líder o dirigente. Obispo, es la traducción de *episkopos*, de allí, se deriva episcopal. "Epi" significa: sobre, encima de y "skopos" significa: mirar, ver (de allí telescopio, microscopio, óptica.) Se aplica a una persona que supervisa algo, igual que un "anciano". Los vocablos: anciano *presbuteros*, obispo *episkopos* y pastor *poimen*, hacen referencia a la misma responsabilidad.

Las iglesias pentecostales, usan *poimen, pastores,* y *presbuteros,* presbíteros. Los presbiterianos usan *presbuteros,* presbíteros, para sus pastores, así como para los ancianos gobernantes de las iglesias. Los metodistas, usan *episkopos,* para sus supervisores a quien llaman Obispos.

"Porque es necesario que el obispo sea irreprensible, como administrador de Dios; no soberbio, no iracundo, no dado al vino, no pendenciero, no codicioso de ganancias deshonestas, ⁸ sino hospedador, amante de lo bueno, sobrio, justo, santo, dueño de sí mismo, ⁹ retenedor de la palabra fiel tal como ha sido enseñado, para que también pueda exhortar con sana enseñanza y convencer a los que contradicen".

"Irreprensible… como administrador de Dios". De la palabra *anepilemptos*; "a" indica no, "*epi*" significa sobre y "*lambano*" quiere decir tocar. Por eso "irreprensible" o "no poder tocar", se refiere a una persona catalogada como más allá de cualquiera crítica razonable; a alguien completamente fuera de acusaciones, uno que no se puede tocar. Un carácter sin mancha, un hombre de buena reputación.

"marido de una sola mujer, y tenga hijos creyentes que no estén acusados de disolución ni de rebeldía". Del griego "mías gunaikos andra", literalmente "un hombre de una sola mujer".

La palabra, *gunikas:* mujer, utilizada con el artículo definido "la" generalmente se traduce esposa. Cuando se usa *gunikas:* mujer, con el artículo indefinido "una" denota personificación o naturaleza, y usualmente se interpreta "mujer." Por tanto, un obispo es un hombre de una sola mujer, de una sola esposa.

Hijos creyentes. Que no estén acusados de disolución (*acroma*), de libertinaje, de vida disoluta. *Acroma* se refiere a llevar una vida desordenada y de diversiones sin freno. Los griegos personificaban esa palabra. Bebían hasta la medianoche y se dedicaban a toda clase de inmoralidades y diversiones desenfrenadas.

Algunos Ancianos se salen por la tangente diciendo: ¡el pastor soy yo, con mi familia no se metan!, lo cual es un gravísimo error. Ser indulgentes con las malas obras de los hijos, acarrea desgracias futuras, y muestra la falta de dominio de su principal grey, su familia. El ejemplo de los hijos de Elí es notable por la vida que llevaban, devoraban cualquier sacrificio presentado que les agradara y cohabitaban con mujeres: llevaban una vida desordenada, disoluta y desvergonzada. Pero él no los corrigió, se esperaba que les dijera: «No, hijos míos» (1 S 2:22-36), fue condescendiente, honró a sus hijos más que a Dios y, por ello todos murieron.

¿Cómo enderezar una iglesia, si no se puede enderezar la casa? El ejemplo del padre influye positiva o negativamente en los hijos, de ahí que el apóstol Pablo insista en que los hijos de los ancianos sean creyentes. El Anciano es desafiado en dos aspectos: el primero, es creer en una promesa: *"cree en el Señor Jesucristo y serás salvo tú y tu casa"*. Y el segundo: una persona que es salva, a los primeros que evangeliza y gana es a los de su casa.

No soberbio, …del vocablo *Authades,* que significa un tipo desagradable, intolerante, condenando todo lo que no puede entender y creyendo que no hay mejor manera de hacerlas cosas que la suya.

No iracundo No debe ser una persona irascible. Hay dos palabras en griego para ira, *timos,* que es la ira que arde y se apaga como fuego de paja, y *orgue,* el nombre relacionado con el adjetivo orgullos, que quiere decir ira arraigada. No es la que se apodera de uno y desaparece de repente, sino la que se abriga para mantenerla caliente.

No dado al vino. (Prov. 23:31). Ver el amplio comentario en 1 Tim 3:3.

No pendenciero, los judíos, por ejemplo, usaban esta palabra para referirse a la conducta de los judíos que se casaban con mujeres madianitas; los cristianos para referirse a los que crucificaron a Cristo. Describe el carácter de la persona que, hasta en sus momentos sobrios, actúa tan escandalosamente como los borrachos.

No codicioso de ganancias deshonestas, es decir alguien que no busca el sucio lucro. El obispo ha de cuidar que sus ingresos procedan de un origen honrado. Por ello, el Apóstol imparte numerosas prescripciones, en relación con el comportamiento de los obispos en esta área. Al parecer el contexto en que vivía el apóstol Pablo, se parece un poco al momento que vive la iglesia, en este tiempo, plagado de "comerciantes de la fe", que manipulan con la Biblia, mezclándola con doctrinas humanísticas, engañando y trasquilando a las ovejas, sin brindarles el cuidado pastoral desinteresado que busca la restauración de sus vidas.

hospedadores. El original griego para esta palabra es *filóxenos,* que quiere decir literalmente amador de los extranjeros. En el mundo antiguo siempre había gente que se estaba trasladando, las posadas eras caras, sucias e inmorales, y era esencial que el cristiano forastero pudiera encontrar una puerta abierta en la comunidad cristiana.

PARA MEDITAR

> Existen hoy en día iglesias (se quisieran más) que se destacan por su buena organización, su hospitalidad, su atención a los visitantes y unos sanitarios de primer nivel. Fomentan el surgimiento de creyentes hospitalarios que ayuden a los predicadores visitantes en todo sentido. A los predicadores les despiden, no solamente con una ofrenda, sino con algún presente que lleven para la familia. Esto habla de la virtud hospitalaria del cristiano y como se expresa el amor de Cristo en la vida.

Amante de lo bueno Debe ser también *filágatos,* que puede querer decir amador de las cosas buenas o amador de las personas buenas, palabra que usa el filósofo griego Aristóteles con el sentido de altruista, es decir amador de las buenas acciones.

Sobrio o prudente, viene del griego *Sófron* que es el adjetivo que se debe aplicar a la persona, decían los griegos, cuyos pensamientos son salutíferos. El pastor debe ser una persona que controla sabiamente su conducta. Los que ejercen el obispado deben mostrar de una manera correcta su estilo de vida y testimonio ante los miembros de la congregación, para que el cuerpo de Cristo sea edificado.

Justo, *díkaios*. Justicia es dar a cada cual lo que por derecho le corresponde.

Santo, viene de hosion, traducido en una versión bíblica como "devoto." Este no es el término típico griego para "santo" *hagios*. Todo aquel que es devoto se purifica a sí mismo con la finalidad de agradar a Aquel "que lo llamó", además de ser fiel seguidor de los lineamientos trazados por su Maestro.

Dueño de sí mismo viene de *egkrate*, "autocontrolado". Dice Strauch, "un hombre indisciplinado tiene poca resistencia a la lujuria sexual, la provocación, la ira, la pereza, a mostrar un espíritu de crítica y a otros deseos que puedan controlarlo.

Retenedor de la palabra fiel tal como ha sido enseñado, para que también pueda exhortar con sana enseñanza y convencer a los que contradicen".

Las enseñanzas originales de los apóstoles (Hechos 2:42) y el resto de las Sagradas Escrituras del AT y del NT, las cuales son infalibles, que tienen veracidad y son irrefutables. El Anciano debe estar absolutamente convencido de la veracidad de las Escrituras y dedicado a enseñarlas, para que quien las reciba viva por ellas.

1:10,11 ***"Porque hay aún muchos contumaces, habladores de vanidades y engañadores, mayormente los de la circuncisión, ¹¹a los cuales es preciso tapar la boca; que trastornan casas enteras, enseñando por ganancia deshonesta lo que no conviene.***

La iglesia de Creta estaba influenciada por maestros que desestabilizaban la fe de los hermanos, con doctrinas fabulosas que les persuadían a creer que no era suficiente la gracia de Dios para salvación y les imponían mandamientos de hombres, ***mayormente los de la circuncisión.***

El Libro de los Hechos describe lo ocurrido en el Primer Concilio de la iglesia, celebrado en Jerusalén (15:1-29). Uno de los temas centrales fue el de la circuncisión (15: 5). Allí quedó muy claro que la salvación de los judíos y gentiles no dependía de rituales externos, sino de la obra consumada de Cristo. Se redactó una carta para los hermanos gentiles de Antioquía, Siria, y Cilicia (Hch 15:22-29) en donde se les precisaban cuatro requisitos que tenían que cumplir como cristianos gentiles. ¡No se incluía la circuncisión!

Tito tenía que poner en su lugar a estos alborotadores, que también describe en 1 Timoteo 6:3-5 a los farsantes dentro de las congregaciones. El contexto del pasaje revela la obra de los falsos maestros, predicadores ambulantes, que podían entrar en los templos exponiendo las escrituras mezclando la verdad con la mentira, impresionando con su palabrería.

1:12-14 *"Uno de ellos, su propio profeta, dijo: Los cretenses, siempre mentirosos, malas bestias, glotones ociosos. ¹³ Este testimonio es verdadero; por tanto, repréndelos duramente, para que sean sanos en la fe, ¹⁴ no atendiendo a fábulas judaicas, ni a mandamientos de hombres que se apartan de la verdad".*

Pablo pone el ejemplo de un poeta griego llamado Epiménides que vivió hacia el año 600 a.C. era uno de los siete sabios de Grecia. La primera frase, "Los cretenses son mentirosos crónicos", la había hecho famosa un poeta posterior e igualmente famoso llamado Calímaco. Pablo afirma que es un hecho histórico, por tanto, el liderazgo de Tito para corregir estos males debía ser firme porque estos mercaderes de la fe llevaban como intención el enriquecimiento. El ministerio no lo ejercían por vocación, sino por intereses, sin ningún reparo torcían las escrituras, haciendo una mezcla de verdad con mentira y de esa manera la trasmitían a los hombres, enseñaban como doctrinas, mandamientos de hombres (Mt 15:9). Estos individuos no se conformaban con lo que dice la Biblia, sino que añadían sus propias ideas y opiniones, desviando de la fe a los nuevos creyentes. (1 Ti 4:1).

En el caso de la Epístola a Tito, en el capítulo 1, citando la Nueva Versión Internacional, dice que los falsos maestros son *"hombres rebeldes, charlatanes y engañadores"*. Rebeldes, porque no se sujetan a Dios y su palabra. Charlatanes, porque presentan sus enseñanzas, no con verdades claras y sustanciosas, sino que hacen uso de fábulas, de cuentos, de relatos ficticios y espectaculares. Engañadores, porque, viviendo en pecado y rebeldía, se presentan como siervos de Cristo y fieles a su palabra.

1:15,16 *"Todas las cosas son puras para los puros, más para los corrompidos e incrédulos nada les es puro; pues hasta su mente y su conciencia están corrompidas.¹⁶ Profesan conocer a Dios, pero con los hechos lo niegan, siendo abominables y rebeldes, reprobados en cuanto a toda buena obra".*

Indiscutiblemente los de mente corrompida no reconocerán la pureza, automáticamente su conciencia está corrompida. Muchas personas siempre ven lo bueno; por el contrario, otras ven siempre lo malo, ¿En dónde radica la diferencia?, en la naturaleza del ser humano. Nuestras almas son el filtro para percibir y discernir lo bueno y lo malo. Los puros, los que se someten, dominan sus pasiones y deseos, y que entregan el control de sus vidas a Cristo aprenden a ver la bondad y la pureza aun en medio de la maldad.

Al igual que Jesús, Pablo reconoce que los falsos maestros son sutiles, su apariencia es religiosa, **profesan conocer a Dios,** pero sus acciones contradicen todo.

Parece un tanto excesiva la forma del Apóstol al prácticamente invalidar a estos religiosos, pero esto ilustra la indignación que sienten aquellos creyentes que ven como los **reprobados en cuanto a toda buena obra,** llevan a otros a desviarse. *"Son detestables y desobedientes, no sirven para hacer nada bueno", (traduce la* NTV). Mantengamos nuestra mente y espíritu puros.

EPÍSTOLA DEL APÓSTOL PABLO A TITO

CAPÍTULO 2

Enseñanza de la sana doctrina, Tito 2:1-15

2:1 *"Pero tú habla lo que está de acuerdo con la sana doctrina".*

Es muy interesante saber que esta exhortación es la que más se menciona en las epístolas pastorales. El consejo de editores de la Biblia Reina Valera 1960 la usó para dar nombre a esta división del capítulo: ***"Enseñanza de la sana doctrina".***

Este enlace marca un paradigma para el resto de los maestros con los que se encontró Tito; de ahí la expresión "Pero tu habla", lo cual establece el contraste entre las múltiples doctrinas que existen. Previamente había presentado los requisitos para los individuos que marchan al frente de la grey. Por lo cual es evidente que este texto complementa lo dicho en la importante instrucción del capítulo 1:5-16. También es importante observar que Pablo engloba la membresía de la congregación en tres grupos:

1. Los ancianos, Tito 2:1-5.

2. Los jóvenes, Tito 2:6-8.

3. Los esclavos, Tito 2:9-15.

En cada uno de estos aparece el común denominador del "servicio cristiano". Es evidente que los requisitos para cada grupo son distintos, hablando de las posibilidades económicas y sociales, por lo cual se hace necesario que el escritor presente por escrito detalladamente lo que considera como primordial.

El ilustre escritor de Tarso termina la declaración *"lo que está de acuerdo con la sana doctrina"*, revelando la existencia de un catálogo de doctrinas, ya fueran místicas, gnósticas o éticas que eran presentadas por los maestros, filósofos y predicadores itinerantes. Esa diversidad de enseñanzas generalmente causaba confusión en los corazones de los creyentes, que aún no se habían arraigado plenamente en el evangelio puro, el cual habían recibido de los predicadores correctos.

 PARA MEDITAR

> Es sorprendente que estas situaciones no han cambiado, puesto que han pasado dos mil años, y los creyentes siguen siendo confundidos al escuchar a individuos que tuercen las escrituras a voluntad; y como diría el Apóstol: "no solo hablo de los de afuera", hombres que maquilan en sus corazones pseudo-interpretaciones que no hacen más que crear huecos en la doctrina bíblica.

Es natural que como iglesia busquemos que es lo que quiere decir Dios a nuestra mente y corazón. Pronto caemos a cuenta de que lo Dios ha querido hablarnos, lo dejó en las Escrituras, por lo cual podemos hacer dos cosas:

- Escudriñar las escrituras, estudiarlas y meditar en ellas, guiados por el Santo Espíritu de Dios.
- Descansar en siervos versados en las Escrituras, genuinos maestros, que esclarezcan lo que pudiera ser difícil.

Debemos ser conscientes que nuestro deber no es causar contiendas, porque de este modo se puede provocar el resentimiento de los impíos. Hemos sido llamados a defender y afirmar la fe, a través de la erudición. enriquecida con una vida espiritual. Como diría la reconocida maestra de ISUM y la Facultad, Dana Bustos: "La erudición y la unción van tomadas de la mano".

2:2 "*Que los ancianos sean sobrios, serios, prudentes, sanos en la fe, en el amor, en la paciencia.*" La Biblia NTV lo dice así: *"Enseña a los hombres mayores a ejercitar el control propio, a ser dignos de respeto y a vivir sabiamente. Deben tener una fe sólida y estar llenos de amor y paciencia"*

Pablo usó este término para referirse a sí mismo (Filemón v.9) desde que fue mayor de sesenta años. Es un término diferente al que se traduce "anciano" en 1:5 con referencia al oficio ministerial (B. MacArthur p. 1739).

Esta primera porción dando dirección a la labor pastoral, se dirige a las personas que han adquirido experiencia por razón de los años, para que guíen sus hogares sabiamente. A Ellos les perfila "un listado de adjetivos", los cuales fueron precedidos por un verbo activo perfecto ("sean"); es decir tienen que cumplir con cada uno de "los requisitos".

Para "el apóstol de los gentiles", la necesidad de saber tomar sabias decisiones es apremiante, por ello lo primero que pide es que

- ***"sean sobrios"***, esto no necesariamente tiene que ver con ingerir algún tipo de bebida que altere la conciencia, sino en ser diligentes en saber qué es lo que le conviene a los que viven bajo su gobierno.
- Continua el listado pidiendo que ***"sean serios"***, esto también involucra la necesidad de perseverar en el evangelio. No siempre es fácil, puesto que muchas veces se prostituye la verdad a cambio de algún valor personal. La seriedad no es guardar silencio, sino que las acciones concuerden con las palabras.
- Acuña además la expresión ***"sean prudentes"***; es decir, no darse el lujo de desatender lo que ocurre en el presente tiempo, y esforzarse por vivir decentemente en una sociedad que "adapta sus valores". Como hombres redimidos debemos cumplir con la comisión de ser emisarios del Reino.
- En el mismo listado aparecen mandatos que no involucra la moralidad, sino que están guiados al ámbito espiritual: ***"sean sanos en la fe"***. Esta expresión se puede ligar al argumento que da pie a este escrito (2:1), las doctrinas que eran traídas por maestros nómadas, por "sofistas" sin llamado espiritual. Pablo encomienda esa gran tarea a Tito, es decir buscar hombres que mantengan su corazón sin heridas y que enfrenten adecuadamente cualquier decepción. Puesto que ello da fundamento a un correcto caminar de toda la comunidad cristiana.
- También pide en mismo ámbito espiritual: ***"sean sanos en el amor"***, una expresión ligada a la naturaleza del evangelio. Pablo dice que todos los que sean ancianos mantengan el corazón sano, puesto que, si mantienen el corazón sano, amaran a sus vecinos y predicarán con la pasión de cuando conocieron a Cristo.
- Cierra este listado marcando la necesidad de mantenerse ***"sanos en la paciencia"***. Tal vez lo más complicado, puesto que involucra el saber esperar en Dios, saber depender de Él, confiar plenamente en que Él está en control. Y que aun las tribulaciones y adversidades tienen un propósito necesario en la vida del cristiano.

 PARA MEDITAR

> Las principales prerrogativas del ministro comienzan en la vida devocional; si el Obrero mantiene una genuina devoción en su intimidad, aumentará las posibilidades de permanencia efectiva. "Una sana intimidad nos da una sana moralidad", por consiguiente, se podría resaltar un aporte paulino mostrado en todas sus cartas, ya sea directa o indirectamente: la invitación a vivir una genuina vida espiritual.

2:3-5 *"Las ancianas asimismo sean reverentes en su porte; no calumniadoras, no esclavas del vino, maestras del bien; ⁴que enseñen a las mujeres jóvenes a amar a sus maridos y a sus hijos, ⁵a ser prudentes, castas, cuidadosas de su casa, buenas, sujetas a sus maridos, para que la palabra de Dios no sea blasfemada."*

Ahora los consejos se dirigen al sector femenino. **Las ancianas,** es decir, aquellas mujeres que ya no tienen responsabilidad directa de criar hijos, con una edad alrededor de los 60 años (B. MacArthur p. 1739) las cuales deben ser ***"reverentes en su porte"***. Esta emblemática expresión tiene su origen en el deber de *ser diferentes*. Pablo se dirige a ellas, esperando que las mujeres con experiencia encuentren el punto medio en relación con la autoridad masculina. Si bien "el anciano" es quien rige la vida familiar y eclesiástica, "la anciana" vendría a ser el rostro de ésta, la figura pública.

- *"No calumniadoras"* (calumnia: un delito cometido a sabiendas de su falsedad. En treinta y cuatro ocasiones aparece el término, casi siempre adjudicándolo al maligno).
- *"no esclavas del vino"*. Ya se ha comentado en diversos puntos del NT que el vino que se consumía en estos tiempos era la bebida habitual, compuesta de ingredientes que no causaban el mismo efecto que causan las bebidas hoy en día. Sin embargo, no se debe considerar irrelevante su daño o efecto. *"no dado al vino"*, es la orden para los ancianos en Tito 1: 7. Pablo aún pedía que no convivieran con quienes tienen el hábito (1 Co 5:11) y una total prohibición para quienes pervertían lo santo (1 Co 11:21).
- *"maestras del bien"*. Para el apóstol este adjetivo involucraba una serie de demandas que fortalecían la fe de las creyentes, a saber:
- *"que enseñen a las mujeres jóvenes a amar a sus maridos y a sus hijos"*. Que no se dejen dominar por su temperamento, que aprendan a amar; algo raro de pedir, —pues es natural el sentimiento de amar en las mujeres— lo cual puede estar revelando algo de los cretenses, (Tito 1:12,13).
- *"a ser prudentes"* esta acción tiene que ver con la manera de expresarse o tratar a los demás.
- *"castas"* esta sugerencia se debe a la práctica popular de la prostitución dentro de los templos al servicio de los dioses.
- *"cuidadosas de su casa, buenas, sujetas a sus maridos"*.
- *"para que la palabra de Dios no sea blasfemada."*

NOTA DE CARÁCTER ÉTICO

El ministerio de la mujer, a raíz del derramamiento del Espíritu Santo en el siglo XX, cobró fuerza, especialmente en el mundo latinoamericano; por lo que este consejo dado a las mujeres cretenses es válido para la vida interna de las iglesias hoy en día. Al esperar que la mujer esté *"sujeta su marido"*, se pone en riesgo el liderazgo de la mujer en la iglesia local, pues una mujer casada puede ser el pastor de la iglesia y su marido tan solo un miembro. Para evitar polémicas se debe entender que la mujer puede ocupar el liderazgo o algún puesto importante, y que paralelamente estas distinguidas damas deben ser sabias en su manera de comportarse para no lastimar la susceptibilidad del género masculino.

 PARA MEDITAR

La labor que ejerce la mujer en los roles eclesiales cobra fuerza, pues su manera de procesar los sentimientos ayuda a que la juventud y niñez se acerquen en mayor escala a la presencia de Dios, sobre todo cuando se respalda con lo logrado en su propio hogar.

2:6-8 *"Exhorta asimismo a los jóvenes a que sean prudentes; ⁷presentándote tú en todo como ejemplo de buenas obras; en la enseñanza mostrando integridad, seriedad, ⁸palabra sana e irreprochable, de modo que el adversario se avergüence, y no tenga nada malo que decir de vosotros."*

Con todo cariño pastoral busca incentivar a las generaciones siguientes a que sean *"prudentes"* la manera de vivir siempre ha hecho que la fe se vea comprometida, por ello que para el apóstol el ser prudentes sea uno de los dos rubros que le demanda al individuo cristiano; ya que si cumple con ello por consiguiente es posible *"presentándote tú en todo como ejemplo de buenas obras"* al ligar estos dos rubros está manifestando que se generarán creyentes modelo.

Para el apóstol el que realice buenas obras involucra el listado:

- mostrando **integridad** en la enseñanza, es decir que el principio de decir y hacer coincida,
- que demuestre **seriedad** al enseñar, es decir que cumpla sus compromisos civiles, sociales y religiosos entregándoles a cada uno lo que bien les corresponde dentro de la vida,
- que demuestre que la palabra es **sana e irreprochable,** es decir que el individuo no lleve una doble vida, que al final le pueda golpear cuando toma autoridad.

Si los jóvenes manifiestan la prudencia, y por consecuencia producen buenas obras dignas del sacrificio de Cristo, no habrá quien se presente a reprocharles algo. Los opositores de la fe se avergonzarán al compararse con el creyente redimido.

NOTA DOCTRINAL

El creyente debe de tener cuidado con las enseñanzas que ha recibido, que lo que no embone con las Sagradas Escrituras se rechace. Es privilegio y deber de cada individuo guardar debidamente los principios teológicos que se le han enseñado en el contexto pentecostal. Así mismo la responsabilidad por mantenerse versados en las Escrituras es una de las principales encomiendas para los hombres, mujeres y jóvenes. En ese orden lo presenta Pablo a Tito.

PARA MEDITAR

Nuestro comportamiento y estilo de vida puede llegar más lejos que las palabras que predicamos. Si con nuestras acciones dañamos la extensión del Reino, debemos frenarnos y cambiar el rumbo, pues el Señor nos demandará por las almas que se desvíen a causa de nuestros testimonios precarios.

La vida en santidad es fundamental, y este argumento pesa sobre aquellos que fueron comisionados por Dios como embajadores y emisarios de las grandes verdades. Por lo que el caminar sea guiado no por los sentimentalismos superfluos, sino por la ley que Dios ha bordado en los corazones.

2:9,10 *"Exhorta a los siervos a que se sujeten a sus amos, que agraden en todo, que no sean respondones; ¹⁰no defraudando, sino mostrándose fieles en todo, para que en todo adornen la doctrina de Dios nuestro Salvador."*

El cuarto grupo al cual escribe Pablo (antes hombres, mujeres y niños), son aquellos que no gozan de una libertad plena, es decir aquellos que por causas externas fueron hechos esclavos. Dichos hombres comenzaron a gozar de una libertad verdadera cuando conocieron a Jesús como su salvador personal. Las cadenas de la esclavitud siguieron, pero la verdadera libertad fue hallada, borrándose la condenación de sus almas.

A ellos es que hace 4 solicitudes, de las cuales dos son positivas; y en dos de ellas busca prever que les llegue un castigo.

Por su parte lo primero que insta es a que *"se sujeten a sus amos"*, esta acción es una de las más difíciles, puesto que involucraría el amarlos a pesar de los castigos físicos que les apliquen. Esta recomendación cristiana se siguió observando en cada generación pues la esclavitud no desapareció, sino hasta años recientes. Así mismo *"que agraden en todo"*, esto también representaba un reto, pues requería que ellos se esforzaran por realizar sus actividades, para que se distinguieran siendo diferentes, trabajaran mejor, de buen ánimo, alcanzando siempre los objetivos.

La segunda parte trata de corregir los aspectos negativos, comenzando con *"no sean respondones"*. Casi todas las versiones bíblicas dejan esta frase igual, lo cual revela la importancia de una buena actitud en el diario vivir. Cuando los esclavos respondían de buena manera a las órdenes de los amos, ya fueran justas o injustas, no se daban discusiones que podían derivar en mayores exigencias y aún castigos. Algo semejante a lo que se da en los hogares en el trato entre padres e hijos.

Esto se aplica también al caso de amos cristianos (léase la Epístola a Filemón) teniendo esclavos cristianos, quienes podrían abusar de la piedad de sus amos.

 PARA MEDITAR

> Todo creyente debe ser cuidadoso en la forma como responde a sus superiores, ya sea en la iglesia al recibir órdenes del pastor o instrucciones de los líderes educativos o departamentales. También se debe evitar poner en vergüenza a las personas que son los superiores, tanto en la iglesia como en el trabajo secular. Cuantas buenas oportunidades de ascenso se han desaprovechado por creyentes que consideran "su cristianismo" intocable, y que nadie les puede decir lo que tienen que hacer.

"no defraudadores" (*no robar*, dicen varias versiones). Esta prohibición denota fuertes costumbres de la cultura circundante, que tristemente se ha hecho una forma de vida y que aun afecta a los creyentes. Tener buenos amos, les daba la oportunidad de estafarlos y hacerse de ganancias deshonestas.

"para que en todo adornen la doctrina de Dios nuestro Salvador." Si bien es cierto, el ser esclavo no era algo sencillo, pero una buena actitud les brindaba la oportunidad de mostrar su rendición a Cristo.

2:11-14 *"Porque la gracia de Dios se ha manifestado para salvación a todos los hombres, ¹²enseñándonos que, renunciando a la impiedad y a los deseos mundanos, vivamos en este siglo sobria, justa y piadosamente, ¹³aguardando la esperanza bienaventurada y la manifestación gloriosa de nuestro gran Dios y Salvador Jesucristo, ¹⁴quien se dio a sí mismo por nosotros para redimirnos de toda iniquidad y purificar para sí un pueblo propio, celoso de buenas obras."*

- *la gracia de Dios...* Jesucristo (Juan 1:14).
- *para salvación a todos los hombres...* de todo aquel que cree (Jn 3:16-18; 1 Ti 2:5,6; 4-10; 1 Jn 2:2).
- *renunciando... vivamos...* La salvación es transformación (2 Co 5:17; Efesios 2:8-10).
- *la esperanza bienaventurada...* la segunda venida del Señor Jesús que incluye la resurrección de los muertos en Cristo. (ro 8: 22,23; 1 Co 15: 51-58; Fil 3:20,21 etc.).
- *la manifestación gloriosa de nuestro gran Dios y Salvador Jesucristo,* (2 P 1:1,2).

- **quien se dio a sí mismo por nosotros para redimirnos de toda iniquidad y purificar para sí un pueblo propio.** Un pueblo propio, que significa también "un pueblo especial" (1 Co 6:19,20).

  1 P: 2:9 agrega: *"Mas vosotros sois linaje escogido, real sacerdocio, nación santa, pueblo adquirido por Dios, para que anunciéis las virtudes de Aquel que os llamó de las tinieblas a su luz admirable".*

- **celoso de buenas obras.** Las buenas obras son el producto y no el medio de la salvación (Ef 2:10; Tito 3:8). (B. MacArthur p. 1740)

 PARA MEDITAR

> Como creyentes habríamos todos de vivir de una manera digna, con una esperanza suprema manifestada públicamente, a saber, el retorno del bendito salvador. Como redimidos esperar que quien fue el sacrificio mismo, el cordero de Dios, que murió y resucitó, y que, así como ascendió a los cielos, aparezca en el tiempo del Padre para llevar un pueblo Santo.

2:15 *"Esto habla, y exhorta y reprende con toda autoridad. Nadie te menosprecie."*

Habla... exhorta... reprende...

La iglesia necesita que estas demandas sean satisfechas no solo por la carencia de valores que existe, sino porque el ministerio ha sido potenciado, con la autoridad divina. El Señor de todos, nos llama a ser mejores para su servicio.

Cada vez son más los que entran a los institutos bíblicos, el grupo de estudiantes es mayor, pero las demandas son menores. El sentido de adaptación no debe debilitar los códigos de orden, decencia y responsabilidad para darle comodidad al llamado divino.

Los ancianos, diáconos o servidores del altar que se disponen a ejercer un ministerio local deben ser personas íntegras que merezcan ampararse en la autoridad divina. La conversión y discipulado de hombres, mujeres, jóvenes y niños depende de su ejercicio responsable.

"Nadie te menosprecie."

EPÍSTOLA DEL APÓSTOL PABLO A TITO

CAPÍTULO 3

Justificados por gracia, Tito 3:1-7

3:1, 2 *"Recuérdales que se sujeten a los gobernantes y autoridades, que obedezcan, que estén dispuestos a toda buena obra.² Que a nadie difamen, que no sean pendencieros, sino amables, mostrando toda mansedumbre para con todos los hombres".*

¿Por qué este capítulo da un giro para hablar de las autoridades civiles?

En los capítulos anteriores el Apóstol se estuvo refiriendo al gobierno dentro de la iglesia y al estilo de vida de la iglesia. Sin embargo, es necesario que la sociedad pueda ver en los creyentes a personas que no se unen a la corriente permisiva del lugar donde viven, sino que hacen real lo que el himnólogo escribió: "brilla en el sitio donde estés"

Las amonestaciones del Apóstol son tan pertinentes hoy, como lo fueron para la iglesia del primer siglo. La salud espiritual y el equilibrio emocional del creyente se ven reflejados en el cumplir debidamente con los requisitos cívicos de la nación en donde se reside. Las enseñanzas de Pablo se muestran sin ambigüedades, se agrada a Dios no estando al margen de cumplir con las responsabilidades que un gobierno fija a sus ciudadanos. En la Epístola a los Romanos 13:1,2 establece: *"Sométase toda persona a las autoridades superiores, porque no hay autoridad que no provenga de Dios; y las que hay, por Dios han sido constituidas. Así que, el que se opone a la autoridad, se opone a lo constituido por Dios; y los que se oponen recibirán condenación para sí mismos."*

Esta obediencia de ninguna manera priva al creyente de oponerse o someterse a las autoridades cuando las disposiciones se contraponen a sus principios y valores cristianos. En este sentido la obediencia tiene sus condiciones, por ejemplo:

- Cuando las leyes de la sociedad están en oposición a los mandamientos establecidos por Dios en las Escrituras.

- Cuando estas leyes van en contra de lo justo.
- Cuando se violan los derechos individuales de las personas, como criaturas hechas a imagen y semejanza de Dios.

Debe decirse que por los pasados dos mil años, cuando prevalecieron gobiernos imperiales, la iglesia fue oprimida. Pero, a pesar de ello la iglesia verdadera nunca sucumbió, honrando la promesa de Jesús: *"las puertas del Hades no prevalecerán contra ella",* el himnólogo inspirado escribió "lucharon otros por la fe, ¿cobarde habré de ser?, ¿Hasta dónde estaremos dispuestos a defender nuestra postura y lealtad a nuestro Dios? , los discípulos expresaron cuando se les prohibió predicar en el nombre de Cristo , *"Mas respondiendo Pedro y Juan, les dijeron: vosotros mismos juzgad si es justo delante de Dios obedecer a vosotros antes que a Dios;"* (Hch 4:19) LBLA . Los principios fundamentales del reino no son negociables.

Presumiblemente Tito ya había instruido a las personas acerca de sus responsabilidades hacia las autoridades del Estado porque se le dice: **Recuérdales,** porque quizás los cretenses habían tendido a diluir la sujeción a las autoridades que se esperaba de los cristianos.

El texto sigue diciendo, **"que estén dispuestos a toda buena obra",** desde luego que el contexto de esta indicación lleva a pensar que pueda estar refiriéndose a la labor social, altruista o filantrópica que debe caracterizar a los creyentes. Una disposición natural a participar en toda obra constructiva de la comunidad y a apoyar las iniciativas que favorezcan a la sociedad.

El Apóstol se apoya en esos principios civiles, para hace recomendaciones sobre la conducta comunitaria:

Que a nadie difamen un recordatorio que debe vivirse en el seno de la iglesia y de toda la comunidad. Al hablar se deben usar filtros. Difamar es un vicio del pueblo ignorante.

Los cristianos en Creta vivían en medio de una población pagana. Es posible que en este ambiente los cristianos fuesen objeto de calumnias, burlas y ofensas personales. Sin embargo, la indicación es para recordar que el verdadero cristiano debe mostrarse siempre como un discípulo de Jesús aun en medio de difíciles circunstancias. Mostrando una paciencia indulgente y un amor sacrificado, (Ro 12:17-21).

La manera como Pablo evaluó su actitud y la de sus colaboradores —cuando escribió a los corintios— ante las situaciones que enfrentaban en una sociedad hostil, tenía vigor para los cristianos de la isla de Creta, (1 Co 4:12,13).

Que no sean pendencieros, sino amables, definitivamente esta exhortación indica evitar riñas, disputas, tanto verbales como físicas. Debían ser amables, mostrando siempre un comportamiento refinado, a la altura de una persona lavada con la sangre de Cristo.

No tiene nada de extraordinario mostrarse cortés con los amigos, pero es virtud sobresaliente hacerlo con un incrédulo o con alguien hostil. La amabilidad debe ser la virtud común de los servidores y administradores, porque quien trata con el público es inevitable que se vea sometido a ofensas e insultos. El ciudadano cristiano debe mostrar templanza ante las injusticias o arbitrariedades que cometen algunas autoridades. Violencia genera violencia, la paz contrarresta la violencia.

NOTA SOCIOLÓGICA

Como sociedad y en particular dentro de los pueblos latinoamericanos, las ofensas ocurren a diario, tristemente por aquellos que deberían guardar la paz, el orden y el buen gobierno con justicia y equidad. ¿Y qué sucede?, los ofendidos responden de igual manera. El exhorto es a ser paciente soportando los excesos públicos, y tolerante con los privados, no dejando que saquen de sus casillas al ciudadano, alterando su estado de ánimo y quitándole su paz. La orden para el cristiano es ser ejemplo en todo tiempo, manteniendo el dominio propio, siguiendo el consejo paulino: *"Si es posible, en cuanto dependa de vosotros, estad en paz con todos los hombres"* (Romanos 12:18).

En todos los medios de difusión se leen y escuchan noticias de rebeliones en contra de los gobernantes. La sociedad moderna se caracteriza por la falta de respeto a los superiores y el permanente reclamo a los derechos violentados. Es allí donde el creyente debe brillar, actuando correcta y justamente en todas las áreas, ya sea pagando sus impuestos a tiempo, cuidando las fugas de agua, respetando las señales de tránsito, manteniendo su perímetro limpio con el trato cuidadoso de la basura, obedeciendo las disposiciones del gobierno (las desobediencias durante la pandemia fueron notables en algunas iglesias) etc. etc. y orando siempre por sus gobernantes.

3:3-7 *Porque nosotros también éramos en otro tiempo insensatos, rebeldes, extraviados, esclavos de concupiscencias y deleites diversos, viviendo en malicia y envidia, aborrecibles, y aborreciéndonos unos a otros.*

⁴ Pero cuando se manifestó la bondad de Dios nuestro Salvador, y su amor para con los hombres, ⁵ nos salvó, no por obras de justicia que nosotros hubiéramos hecho, sino por su misericordia, por el lavamiento de la regeneración y por la renovación en el Espíritu Santo, el cual derramó en nosotros abundantemente por Jesucristo nuestro Salvador, ⁷ para que, justificados por su gracia, viniésemos a ser herederos conforme a la esperanza de la vida eterna.

No quiere decir que todos los creyentes hayan cometido los pecados que en esta larga lista menciona el Apóstol, sino que se muestra lo que son las vidas de las personas antes de ser transformados por el Cristo Redentor.

Pablo no dejó de mencionar estas desagradables características y otras más en varios pasajes (Romanos 1:18-32; 1 Corintios 6:9,10; Gálatas 5:19-21; Efesios 4:17-19) para que ningún habitante de esas importantes ciudades quedara exento, y como un recordatorio a las sociedades de todas las épocas, de lo que se ha sido y de lo que se puede ser cuando se le da un lugar al Santo Espíritu de Dios.

Cómo no alabar al Señor cuando las iglesias están llenas de individuos que antes eran: *insensatos, rebeldes, extraviados, esclavos de concupiscencias y deleites diversos, viviendo en malicia y envidia, aborrecibles, y aborreciéndonos unos a otros.* Y ahora adoran y lloran, levantan sus manos al Cielo en agradecimiento permanente, junto a sus seres queridos y amigos transformados, porque *se manifestó la bondad de Dios nuestro Salvador, y su amor para con los hombres.*

Concupiscencia: deseo inmoderado de los bienes terrenos y de los goces sensuales. Codicia, es un sinónimo (Ro 7:7; Col 3:5; 1 Ts 4:5; 1 Jn 2:16).

Estos creyentes constantemente dan testimonio a amigos y enemigos, a personas cercanas y a las extrañas, diciéndoles: Jesús *nos salvó, no por obras de justicia que nosotros hubiéramos hecho, sino por su misericordia, por el lavamiento de la regeneración y por la renovación en el Espíritu Santo, el cual derramó en nosotros abundantemente por Jesucristo nuestro Salvador.*

nos salvó, no por obras de justicia que nosotros hubiéramos hecho, sino por su misericordia: ("*no por nuestras propias obras de justicia*" Biblia NVI; "*no por las acciones justas que nosotros habíamos hecho*" Biblia NTV). La salvación nunca ha sido por obras (Ef 2:8,9; Ro 3:19-28).

por el lavamiento de la regeneración: (Ez 36:25-31; Ef 5:26,27; Stg 1:18; 1 P 1:23). En Juan 3:1-8 Jesús, hablando con Nicodemo, trata de la regeneración o el nacimiento espiritual. Una de las doctrinas fundamentales de la fe cristiana. Sin el nuevo nacimiento no se puede ver el reino de Dios, es decir, recibir la vida eterna y la salvación por medio de Jesucristo. (Biblia Vida Plena p. 1457). La regeneración se ilustra de modo simbólico en el bautismo cristiano.

 NOTA DOCTRINAL

El Concilio de las Asambleas de Dios en México, en su declaración de fe reconoce 2 sacramentos:

Bautismo en agua. Creemos en el bautismo en agua por inmersión en el nombre del Padre, Hijo y Espíritu Santo, como testimonio de una limpia conciencia, resultado de haber aceptado a Jesucristo como Salvador personal (Mt 28:19; Mr 16:16; Hch 2:38).

La cena del Señor. Creemos que es un sacramento u ordenanza de nuestro señor Jesucristo Mt 28:26-28 y en los incisos 15.1,15.2,15.3, se detalla su valor, simbolismo y recordatorio.

y por la renovación en el Espíritu Santo, ⁶el cual derramó en nosotros abundantemente por Jesucristo nuestro Salvador". La referencia de Pablo a la obra del Espíritu Santo recuerda el derramamiento del Espíritu el día de Pentecostés y de allí en adelante (cf. Hechos 2:33; 11:15). Dios da provisión abundante y suficiente de su gracia y poder como resultado del nacimiento y de la obra del Espíritu en los creyentes. (Biblia Vida Plena p. 1763).

⁷para que, justificados por su gracia, viniésemos a ser herederos conforme a la esperanza de la vida eterna".

justificados por su gracia: La verdad central de la salvación es justificación solo por fe. Si un pecador se arrepiente y deposita su fe en Jesucristo, Dios lo declara justo, le adjudica la justicia de Cristo y le da vida eterna por virtud de la muerte sustitutiva de Cristo como el castigo pagado por la iniquidad de ese pecado (Ro 3:21-5:21; Gálatas 3:6-22 Filipenses 3:8,9). (B. MacArthur p. 1741).

herederos: como hijos adoptivos de Dios por medio de la fe en Jesucristo, los creyentes se convierten en "herederos de Dios y coherederos con Cristo (Romanos 8:12; 1 P 1:3,4). Teológicamente a este hecho se le llama "adopción".

 PARA MEDITAR

> Juntamente con el nuevo nacimiento a una nueva vida, los cristianos recibimos además un don salvífico todavía más grande: ser herederos de la vida eterna. Hemos sido justificados y hemos recibido la nueva vida sobrenatural *por su gracia*, por pura benevolencia suya. El resultado de la justificación viene a convertirnos en herederos de la vida eterna. Pablo lo reafirma en Romanos 8:16,17. *"El Espíritu mismo da testimonio juntamente con nuestro espíritu de que somos hijos de Dios. Y si somos hijos, también somos herederos: herederos de Dios y coherederos con Cristo, si es que padecemos juntamente con él, para que juntamente con él seamos glorificados".*

El lavamiento de la regeneración y la renovación en el Espíritu Santo por haber *sido derramado abundantemente*, suficiente para todos los días, pues Jesús quien está a la diestra del padre intercede por cada uno de los que han sido salvos por Él.

Para lavar, regenerar y transformar al hombre solo la abundante salvación de Jesucristo puede limpiar sin dejar ninguna seña de lo que fue anteriormente, solo con fe el hombre es justificado, es por su misericordia infinita que el con amor constantemente intercede ante el padre por el hombre y es el Espíritu Santo el que redarguye al creyente a mantenerse libre de pecado.

 PARA MEDITAR

> El amor de Dios realiza una regeneración total en la persona, para que no quede nada del viejo hombre. El Espíritu Santo cada día, guía y recuerda que ahora la persona es un hijo de Dios, comprado con la sangre de Cristo y heredero de la vida eterna. No hay motivo para volver atrás y por eso se renuncia a todo lo que este mundo pecador ofrece. El creyente se esfuerza por vivir una vida santa y agradable a Dios.

Orientaciones precisas, 3:8-11

3:8,9 *"Palabra fiel es esta, y en estas cosas quiero que insistas con firmeza, para que los que creen en Dios procuren ocuparse en buenas obras. Estas cosas son buenas y útiles a los hombres.⁹ Pero evita las cuestiones necias, y genealogías, y contenciones, y discusiones acerca de la ley; porque son vanas y sin provecho."*

palabra fiel es esta, este dicho es verdadero, expresión peculiar de las cartas pastorales (1 Ti 1:15; 3:1; 4:9; 2 Ti 2:11 y Tito 3:8) y tiene referencia a la exposición teológica anterior, lo cual indica que teniendo claro y presente la obra salvadora por gracia, produce buenas acciones y buena actitud. Es un ejemplo digno de la vocación a la cual hemos sido llamados.

Al comienzo del pasaje Pablo utiliza la expresión **recuérdales, esto,** ahora les dice ***y en estas cosas quiero que insistas con firmeza,*** en otras palabras, quiero que afirmes persistentemente a los que se esfuerzan en mantener una visible práctica de sanas palabras y acciones. Cada día hay que buscar la presencia divina y realizar ***cosas buenas y útiles a los hombres*** que agraden al Señor. Se pueden realizar tantas buenas acciones en las que el creyente debe ocuparse, sin fijarse en el punto negro (que la gente impía ve) que pueda tener una hoja de papel blanco, en donde se pueden escribir buenas ideas que se conviertan en acciones prácticas. Y desde luego dentro de la iglesia hay muchas actividades que se deben realizar en pro de los creyentes y que son muy necesarias para el mejoramiento en general.

La segunda parte del pasaje advierte contra pasar tiempo en discusiones inútiles, ***en cuestiones necias.*** Los filósofos griegos pasaban el tiempo discutiendo problemas imaginarios y los rabinos judíos construyendo también genealogías imaginarias de los personajes del Antiguo Testamento. Los escribas judíos pasaban las horas discutiendo sobre lo que se podía y lo que no se podía hacer en sábado, y lo que era y lo que no era inmundo.

Falsos maestros pululaban en Creta (1:10, 14,15), especialmente los judaizantes que insistían en que un cristiano debía ser obediente a la ley mosaica, una opinión torcida que asaltaba la doctrina de justificación por la sola gracia.

 NOTA SOCIOLÓGICA

> En el presente tiempo producto del trabajo misionero de judíos cristianos, ha ocurrido la conversión de muchos judíos, especialmente en los Estados Unidos y en el mismo Israel, a quienes se les llama "judíos mesiánicos" porque han aceptado al Mesías Jesús, lo cual llena de regocijo. Sin embargo, estos conservan ciertas tradiciones hebreas en cuanto a la vestimenta, las comidas, los cultos del viernes por la noche y la manera de guardar el sábado, tal vez en su intención de ganar a más judíos para Cristo.

Se ha hecho problema cuando muchos cristianos no judíos los imitan, (abandonando sus iglesias) reuniéndose también el viernes por la noche en templos cristianos, suyos o facilitados, y ya no guardan el domingo, sino el sábado (un tanto diferente de los hermanos adventistas), se visten con ropas judías, llaman a Jehová, Yahweh (de YHWH el nombre de Dios en hebreo), cantan coros hebreos y aun ordenan a sus pastores como rabinos.

Debe decirse que no causan muchos problemas dentro de las iglesias, como se observa que los maestros judaizantes sí los causaron dentro de la iglesia primitiva, y que originaron las advertencias de Pablo y los apóstoles en sus cartas. Aunque sí se han sentido cuando abandonan las congregaciones que están en formación.

"evita las cuestiones necias, y genealogías, y contenciones, y discusiones acerca de la ley; porque son vanas y sin provecho."

El Apóstol es tajante y contundente en las indicaciones para los jóvenes líderes, como Tito y Timoteo. Son pocas las palabras que utiliza, simplemente les dice que rechacen las falsas doctrinas, no los insta a tratar de convencer con discusiones o evidencias.

En las cartas dirigidas a las iglesias, la postura del apóstol es diferente y con frecuencia hace una defensa amplia ante los errores de sus enemigos. Uno de los requisitos que se menciona que debe poseer un anciano de la iglesia es convencer a los que contradicen (1:9), poseer una espada de dos filos que exhorte al pecador y convenza al creyente errado de sus torcidas creencias. Insiste que en cuanto los miembros se den cuenta que las enseñanzas o comentarios de una persona no van conforme al evangelio de Jesucristo, pongan frenos de inmediato para evitar que se propaguen fábulas y doctrinas erróneas dentro de la iglesia.

 PARA MEDITAR

Surgen tres preguntas. ¿Los jóvenes líderes no estaban preparados para tales discusiones? ¿Podían acaso estos alborotadores y herejes cimbrar la fe de ellos?, ¿Será que la experiencia de Pablo en estos asuntos le dejó desgastado y convencido que son completamente inútiles y acarrean peligro a la doctrina de la fe?, como lo es hoy en día, cuando se discute sobre el divorcio, la vestimenta de hombres y mujeres, la liturgia con himnarios, cuando se entonan cantos tan diversos. Y otros asuntos que dividen congregaciones, instituciones y a los creyentes mismos.

3:10,11 *"Al hombre que cause divisiones, después de una y otra amonestación deséchalo,¹¹ sabiendo que el tal se ha pervertido, y peca y está condenado por su propio juicio."*

Una indicación bíblica muy necesaria. Ha ayudado a tomar decisiones en muchas iglesias cuando se levantan este tipo de creyentes rebeldes. Lo que sucede es casi siempre se quiere proceder con misericordia, dando oportunidad a que el hermano cambie de opinión, pero por lo general la obstinación persiste.

Aquel que persiste en sus razonamientos, en imponer sus ideas, estando al margen de la palabra de Dios, indiscutiblemente es un hombre necio y sus palabras controversiales pueden derivar en caos. Pablo aconseja evitar al contencioso y testarudo. La antigua versión Reina-Valera le llama *hombre hereje,* del griego Hairetikós. Un hereje sencillamente sería la persona que ha decidido que tiene la razón en sus conceptos e interpretaciones y los demás no. La advertencia de Pablo es contra el que ha convertido sus ideas en algo novedoso y controversial que cuestiona lo ya establecido.

La verdadera fe no separa a las personas, sino las une. La tarea de Tito era confrontar y aconsejar, pero si esa persona era persistente en imponer sus ideas, a pesar de varias oportunidades, el tal debe ser apartado de la comunión de la iglesia, para no extender el problema, propagar el cáncer y originar otros sean arrastrados de igual manera.

Proceder de esta forma no es injusto, es parte del consejo que la Escrituras ofrecen.

En Mateo 18:15,16 se cita el consejo del Señor Jesús de como proceder en casos de desavenencias, malentendidos, de conductas que se puedan llamar pecados o como en el caso de Tito 3:10,11, divisiones.

Paso # 1, el pastor lo reprende en privado: "*Por tanto, si tu hermano peca contra ti, ve y repréndele estando tú y él solos; si te oyere, has ganado a tu hermano.* (el pastor por seguro que lo hace varias veces)

Paso # 2, lo reprende junto con los oficiales de la iglesia: "*Mas si no te oyere, toma aún contigo a uno o dos, para que en boca de dos o tres testigos conste toda palabra*" (los oficiales reprenden varias veces, por seguro).

Paso # 3, lo expulsa de la iglesia (junto con los oficiales). *[deséchalo],*[11] sabiendo que el tal se ha pervertido, y peca y está condenado por su propio juicio. (Ro 16: 17,18 (apartarse de ellos) 2 Ts 3: 14; Tito 3:11.

No es Tito quien ha dado el fallo de condenación sobre el hereje. Cuando ha sido amonestado y a pesar de todo sigue pecando y se aferra a su falsa doctrina, cuando, en su rebeldía, persevera pertinazmente contra un mayor conocimiento, entonces da señales de que *está pervertido*. Se condena en su propia conciencia y con ello se aparta de la comunidad de sus hermanos y hermanas.

 NOTA DOCTRINAL

En el punto 16 de la Declaración de Fe del Reglamento local de la Iglesia de El Concilio de las Asambleas de Dios, se desaprueban las doctrinas erróneas y se sanciona a toda persona con actitudes y conducta cismática y de división, (capítulo 4 punto 1 inciso 22).

Instrucciones personales, 3:12-14

3:12-14 *Cuando envíe a ti a Artemas o a Tíquico, apresúrate a venir a mí en Nicópolis, porque allí he determinado pasar el invierno. ¹³ A Zenas intérprete de la ley, y a Apolos, encamínales con solicitud, de modo que nada les falte.¹⁴ Y aprendan también los nuestros a ocuparse en buenas obras para los casos de necesidad, para que no sean sin fruto.*

Nicópolis se hallaba en la costa oeste de Grecia. Artemas o Tíquico reemplazarían a Tito en su trabajo en la isla de Creta, para que él pudiera encontrarse con Pablo en Nicópolis. Tíquico era uno de los compañeros de confianza de Pablo, (Ef 6.21; Col 4:7). Tito tendría que salir lo antes posible porque el viaje por mar era peligroso en los meses de invierno y los puertos eran cerrados por largos periodos de tiempo, incluso meses, las tormentas eran extremadamente riesgosas, por ello la urgencia. En cuanto a *Zenas,* no se menciona en otro lugar, pero al llamársele *intérprete de la ley* se le identifica como un jurista secular o un rabino converso.

Apolos es el bien conocido maestro que apareció por primera vez en Hechos 18:24,25 como un predicador elocuente. Era nativo de Alejandría en el Norte de África, y llegó a ser cristiano en Éfeso, y además fue discipulado por Aquila y Priscila, los excelentes colaboradores de Pablo. Apolos ejerció un ministerio exitoso en Corinto, algunos eruditos consideran que pudo haber sido el escritor de la Epístola a los Hebreos.

Encamínales con solicitud, de modo que nada les falte. Se le indica a Tito ser un noble y esplendido anfitrión, generoso con los colaboradores y predicadores itinerantes como lo eran Apolos y Zenas, ya que esto tenía que marcar un precedente, un modelo a seguir por los cretenses y de todo creyente, y además erradicar la conducta "tipo Diótrefes", es decir, creyentes que buscaban dominar las congregaciones e imponer sus formas y elitismo, según lo narra el Apóstol Juan en su tercera Epístola.

> En cuanto a Tito, se puede agregar que se reunió con Pablo en Nicópolis y de allí el Apóstol lo envió a Dalmacia (2 Timoteo 4:10). Dalmacia forma parte actualmente de Croacia, que en tiempos pasados fue parte de el Ilírico, a donde Pablo o su equipo llegaron también (Romanos 15:19). La tradición dice que Tito regresó a Creta y murió allí. (Biblia de Estudio Ryre p. 1235).

En esta última sección de su Epístola, el apóstol Pablo se muestra como un líder que hablaba con autoridad, enseñaba con su ejemplo y testimonio y pedía lo mismo de sus colaboradores. Se puede apreciar la jerarquía, comunicación, obediencia, disposición y colaboración en toda buena obra que beneficie a la iglesia de Cristo. Tito se muestra como un Obrero fiel responsable y dispuesto, a quien se encomendó una importante tarea que sirve como modelo para todos los supervisores, obispos o superintendentes.

PARA MEDITAR

> La iglesia de Jesucristo tiene un gran reto en el mundo, ser esa lumbrera que, con su buen testimonio y buenas obras, predique al mundo lo que Él ya ha realizado en cada uno de sus miembros. Que las buenas obras que realiza no son para alcanzar la salvación, pues esa les ha sido dada por la infinita misericordia de Jesucristo, sino por la gratitud de ser hechos hijos de Dios y coherederos de la vida eterna.

Salutación y bendición final, 3:15

3:15 *"Todos los que están conmigo te saludan. Saluda a los que nos aman en la fe. La gracia sea con todos vosotros. Amén.*

No siempre Pablo mencionó por su nombre a los colaboradores cuando terminó sus cartas, como ocurre ahora al finalizar ésta y otras más (1 Co 16:20; 2 Co 13:12; Fil 4:22), pero siempre mandó saludos a nombre del grupo que lo acompañaba en el momento.

Siempre fue agradecido con todos sus ayudantes a los cuales les enseñó la sana doctrina y les dio la confianza para quedarse como encargados de las iglesias que fue fundando en cada región donde Dios le permitió predicar el evangelio. No todos se mencionan por nombre, sin embargo, hubo hombres y mujeres que le ayudaron, le hospedaron, le cuidaron y sirvieron de correo para llevar las cartas a las iglesias y colaboradores. Al final, siempre retomó la conclusión característica de él, la gracia, el favor, las bendiciones del Señor, deseando que alcanzaran a todos. Eso fue el sello distintivo de sus escritos.

Las cartas de Pablo a Tito y a Timoteo marcan el final de los escritos de Pablo y el final de su vida y ministerio.

Estas cartas son verdaderos tesoros porque dan información vital para el liderazgo en la iglesia. Proveen un modelo sólido para los ancianos, pastores y para otros líderes cristianos instándolos a preparar líderes jóvenes para continuar la inagotable labor. Es necesario estudiar cuidadosamente los principios encontrados en estas cartas para tener una guía práctica del liderazgo de la iglesia y de cómo solucionar problemas.

EPÍSTOLA DEL APÓSTOL PABLO A FILEMÓN

Escritor
Pbro. David Medina Pérez

Editores
Rev. David L. Aguillón

Editor General
Dr. Teófilo J. Aguillón

Diseño y relaciones públicas
Joel Aguillón
Rubén D. Aguillón
Eduardo Canché V.
Kelly G. Palomino

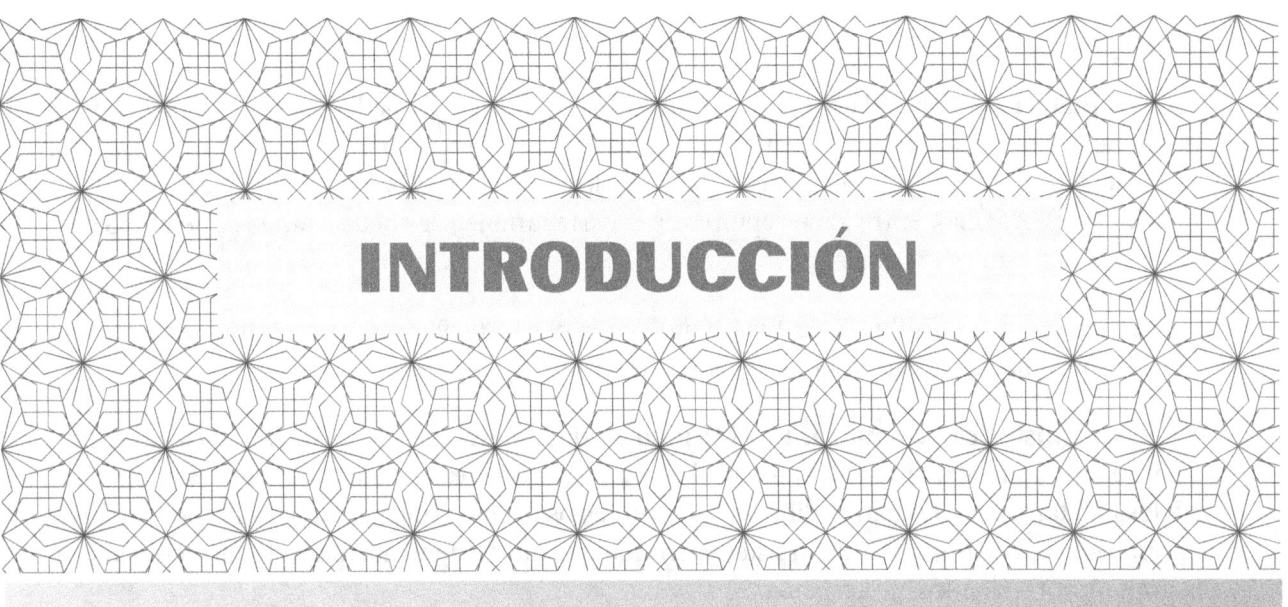

INTRODUCCIÓN

La Epístola a Filemón es un escrito muy personal del Apóstol Pablo, que redactó estando en prisión en Roma. La carta es parte de las denominadas "Cartas de la prisión", junto a Efesios, Filipenses y Colosenses. Tíquico la llevó a Filemón junto con la Carta a los Colosenses, acompañado de Onésimo quien regresaba a su amo gracias a la persuasión de Pablo. En ambas epístolas se menciona a Arquipo, Epafras, Aristarco, Demas y Lucas. (cf. Colosenses 4:10, 12, 14, 17). Es la epístola más breve de Pablo, tratando preponderantemente el tema de la esclavitud.

Ocasión y propósito. La Carta a Filemón, es una súplica en favor de Onésimo, quien se convirtió en Roma bajo el ministerio de Pablo. Onésimo, conforme a la Ley Romana le pertenecía a Filemón como su esclavo; se escapó de él, y "providencialmente" llegó a Roma en donde Pablo estaba preso, y allí lo atrapó el "Amo Mayor".

En la carta se observa un clamor intercesor compasivo de Pablo hacia Filemón, un propietario de esclavos, quien podía conforme a la Ley Romana castigar con la muerte a Onésimo, por ser un esclavo fugitivo. Pero ahora tanto Filemón como Onésimo, son hermanos en Cristo y sus valores están bajo la perspectiva supracultural de Cristo y no por la cultura legal de Roma. *"…en Cristo ya no hay esclavos ni libres…todos somos uno en Cristo Jesús"*. (Gálatas 3:28).

Pablo apelaba al amor cristiano que Filemón ya había mostrado en otras ocasiones: *"porque por ti, oh hermano, han sido consolados los corazones de los santos"* (v. 7). Su hogar, además, se había abierto como fue característico de los primero tiempos, en una "casa-culto" … *"la iglesia que está en tu casa"* (v.2). Las iglesias en los hogares eran comunes en tiempos de la iglesia primitiva, se cree que hasta el Siglo III se construyeron templos separados de las casas de los creyentes.

Paternidad literaria. El autor evidencia su autoría internamente en la salutación, y en otros versículos de la misma carta (vv. 9 y 19). Las frases que utiliza se encuentran en otras Epístolas de su autoría (cf. v. 4 con Filipenses 1: 3,4). La evidencia externa se confirma al formar parte del canon de Marción y del Canon Muratorio, en un listado de año 170 d.C. en el que se menciona a Pablo como el autor de la Carta a Filemón.

Destinatario. La Epístola se la dirige a un convertido suyo, llamado Filemón (v. 19). Se deduce que por tener una casa suficientemente grande para albergar una iglesia y poseer esclavos (v.2) este varón era un próspero habitante de Colosas. Pablo lo llama amado y colaborador nuestro (v. 1). Además, entre los receptores de la carta también se encuentran los miembros de la "iglesia que está en tu casa".

Fecha: El apóstol Pablo la escribió estando en la cárcel. (v. 9) durante su primer encarcelamiento en Roma, aproximadamente en el verano del 62 d.C. (Hch 28:16-31).

Reseña histórica-geográfica. En el tiempo en que se escribió la Epístola, la esclavitud en Roma era una situación social común, millones de habitantes eran esclavos. En ese vasto imperio los habitantes se dividían en libres y esclavos; estos últimos trabajaban para los pobladores libres, como parte de su enramado sistema económico, que tristemente (para el sentir cristiano) la gran mayoría dominante aceptaba.

> Era variada la forma en que se llegaba a ser esclavo, podría ser por nacimiento, por ser prisionero de guerra, por condena judicial y por venta. Sin embargo, también existían procedimientos legales para llegar a ser "libertos" es decir, dejar de ser esclavos. Entre otros: comprar por sí mismo la libertad con sus ahorros, por testamento, por inscripción como ciudadano por parte del amo y finalmente por méritos propios. En este acto solemne se hacía un ritual que consistía en tocar al esclavo en sus hombros con un bastón, en presencia de testigos.

Existían dos tipos de esclavos, los públicos y los privados. Los primeros servían al Estado, trabajando en empresas del Imperio; una de las ocupaciones públicas más penosas era en las minas, en estos lugares de servicio morían por centenas de ellos diariamente. Por otra parte, los esclavos privados ayudaban en los trabajos domésticos y de campo, perteneciente a alguna familia adinerada. Generalmente para estos el trato era más humanitario. En este modelo de esclavitud vivía Onésimo el esclavo de Filemón.

En el Nuevo Testamento no se vuelve a mencionar a Onésimo, sin embargo, aproximadamente cincuenta años después, Ignacio de Antioquía escribió una carta al obispo Onésimo (Carta a los Efesios, 1), líder de la iglesia de Éfeso. Pudiera ser que se refiriera al mismísimo Onésimo.

Breve Bosquejo

A. **Saludos convencionales (1-3)**

B. **Acción de gracias por la vida de Filemón (4-7)**
   1. Vivía una vida de amor y fe
   2. Confortaba los corazones

C. **El ruego de Pablo a Filemón por Onésimo (8-22)**
   1. Era una petición en lugar de una imposición (8-11)

2. Llevaba una encomienda voluntaria (12-16)
3. Una petición sustitutiva (17-19)
4. 4. Un ruego que esperaba una respuesta (20-21)

D. Bendiciones finales (22-25)
1. Una pronta visita del Apóstol (22)
2. Bendición para sus compañeros y colaboradores (23, 24)
3. Una bendición de gracia (25)

EPÍSTOLA DEL APÓSTOL PABLO A FILEMÓN

CAPÍTULO 1

Salutación, 1:1-3

1:1-3 *Pablo, prisionero de Jesucristo, y el hermano Timoteo, al amado Filemón, colaborador nuestro, ²y a la amada hermana Apia, y a Arquipo nuestro compañero de milicia, y a la iglesia que está en tu casa: ³Gracia y paz a vosotros, de Dios nuestro Padre y del Señor Jesucristo.*

Pablo, prisionero de Jesucristo, y el hermano Timoteo. El Apóstol Pablo acorde a su estilo se identifica como el autor de la carta, de igual manera también como prisionero de Cristo por causa de la obra. Si bien Nerón, el emperador Romano lo tenía cautivo, él era libre y al mismo tiempo esclavo de Cristo.

Aunque escribía desde una prisión romana (v. 9), acompañado del fiel Timoteo, el Apóstol volaba en alas de libertad. (no menciona Pablo en esta ocasión a otros miembros de su equipo, a quienes posiblemente había enviado en alguna misión).

El destinatario de esta pequeña carta fue el **amado Filemón,** un líder de la iglesia de Colosas, convertido bajo el ministerio de Pablo, a quien Pablo lo llama **colaborador nuestro**. Era un hombre próspero, propietario de Onésimo, y posiblemente de otros esclavos más.

Pablo saluda a dos personajes cercanos a Filemón, *a la amada hermana Apia* se cree que era la esposa de Filemón *y Arquipo* su hijo. Pablo lo llama **compañero de milicia** (v. 2), en la Epístola a los Colosenses lo llama *"amado hermano, fiel ministro y consiervo en el Señor"* (Co 4:17). Además, se menciona que en la casa de Filemón (v.2) se congregaba una iglesia, lo cual fue común durante los primeros siglos.

PARA MEDITAR

> En la época apostólica de la iglesia, se evidencia que las reuniones de la iglesia eran en casa. (cf. Ro 16:5, 1 Co 16:19). Los creyentes ponían a disposición sus hogares para la adoración a Dios. Unos siglos después, en el tiempo del emperador Constantino se comenzaron a utilizar templos también para los servicios eclesiásticos. ¡Qué maravillosa combinación! Templos y casas para reunirse como iglesia; en el contexto actual urbano esta práctica es de mucha utilidad para la evangelización y el discipulado.

La salutación, *Gracia y paz a vosotros, de Dios nuestro Padre y del Señor Jesucristo*, es la acostumbrada por Pablo. Es semejante a la que aparece en Romanos, en 2 de Corintios, Gálatas, Efesios y Filipenses. El saludo en sí tiene dos aspectos, comprende la gracia de nuestro Señor Jesucristo, y la paz de Dios. Gracia (griego: *Jaris*) era el saludo común entre los griegos y paz (hebreo *Shalom*), era el saludo ordinario entre los hebreos, indicando que todas las bendiciones provienen de Dios el Padre, por medio de Cristo.

Acción de gracias por la vida de Filemón, 1: 4-7

1:4-7 "Doy gracias a mi Dios, haciendo siempre memoria de ti en mis oraciones, ⁵porque oigo del amor y de la fe que tienes hacia el Señor Jesús, y para con todos los santos; ⁶para que la participación de tu fe sea eficaz en el conocimiento de todo el bien que está en vosotros por Cristo Jesús. ⁷Pues tenemos gran gozo y consolación en tu amor, porque por ti, oh, hermano, han sido confortados los corazones de los santos".

Casi todas las cartas de Pablo, excepto Gálatas, (tal vez por ser la primera y no haber desarrollado su estilo peculiar) en su introducción comienzan agradeciendo a Dios por algo. Aquí: —*"Doy gracias a mi Dios, haciendo siempre memoria de ti en mis oraciones"*. La vida de Filemón era tan de buen testimonio, que motivaba a Pablo a dar gracias a Dios por sus acciones a favor de otros.

Pablo especifica el porqué de su acción de gracias: —*"Porque oigo del amor, y fe que tienes hacia el Señor Jesús, y para con todos los santos"*. El Apóstol escuchó buenos reportes sobre Filemón, de cómo caminaba en amor y fe para con el Señor Jesús y para con todos los hermanos. Puntualiza que era un genuino discípulo del Señor (Juan 13:35) porque lo demostraba no solamente con palabras sino con acciones. (Ro 13:1-7), además de su notoria fe, que resaltaba su fidelidad al Señor.

Estos dos pilares fundamentales del cristianismo los vivía el receptor de esta inspiradora epístola de Pablo.

PARA MEDITAR:

> Ojalá se pueda seguir el ejemplo de Filemón, quien fue para el Apóstol un marcado motivo de agradecimiento a Dios. Una buena pregunta sería: ¿Por cuántos hermanos en Cristo, que usted conoce se prorrumpe en alabanzas de agradecimiento a Dios?, es-

peramos que por muchos. Filemón manifestaban un amor profundo por sus hermanos y lo demostraban con sus acciones, por eso Pablo no dudó en hacerle la importante petición sobre Onésimo.

La petición de Pablo sobre Filemón era para que su fe fuera de ejemplo para los demás: *Para que la participación de tu fe sea eficaz en el conocimiento de todo bien que está en vosotros por Cristo Jesús.*

La Biblia NTV (Nueva Traducción Viviente) lo dice así: *"Pido a Dios que pongas en práctica la generosidad que proviene de tu fe a medida que comprendes y vives todo lo bueno que tenemos en Cristo"*

Conforme Filemón comprendía lo que tenía en Cristo, su fe sería más eficaz, de bendición para otros y así hacer toda buena obra a los demás, incluido su esclavo Onésimo (vv. 17,18).

El testimonio de Filemón ocasionó **gran gozo y consolación,** fue de motivación y estímulo para sus hermanos en Colosas y para el mismo Pablo que se encontraba en prisión *"porque por ti, oh, hermano, han sido confortados los corazones de los santos".* El Apóstol mandó también reconocer en la iglesia de Corinto a tales personas que como Filemón confortaban los corazones de los creyentes (1 Co 16:18). Confortado (gr.*anapepautai*) es la misma palabra usada por Cristo en Mateo 11: 28. *"Venid a mí todos los que estáis trabajados y cargado y yo os haré descansar"*.

El ruego de Pablo a Filemón por Onésimo, 1: 8-22

1:8-11 *Por lo cual, aunque tengo mucha libertad en Cristo para mandarte lo que conviene, ⁹más bien te ruego por amor, siendo como soy, Pablo ya anciano, y ahora, además, prisionero de Jesucristo; ¹⁰te ruego por mi hijo Onésimo, a quien engendré en mis prisiones, ¹¹el cual en otro tiempo te fue inútil, pero ahora a ti y a mí nos es útil.*

Pablo con un tono amable hace una apelación por el fugitivo: —*"Por lo cual, aunque tengo mucha libertad en Cristo para mandarte lo que conviene".* La palabra "libertad" (gr. parresian) también significa "confianza". Éste mismo vocablo se usa en Hebreos 3:6, el ruego del gran Apóstol precisamente fue eso, una súplica, no una imposición. (es decir, tengo libertad, tengo confianza). Como cualquier padre terrenal tiene el derecho de mandar, o de pedir a sus hijos lo que conviene, Él no se aprovechó de ese empoderamiento apostólico, sino que apeló a la libertad en Cristo que tenía con Filemón.

El ruego de Pablo se basa en el amor: —*"mas te ruego por amor".* Un ruego sincero, y con amor, que resultó en este caso, algo más eficaz que una orden autoritaria. Queda demostrando de esta manera que el comportamiento de un siervo de Dios, al solicitar un favor a su iglesia, se debe gestionar como un ruego, no como un mandato. —**"siendo como soy, Pablo ya anciano"**, Se cree que para este tiempo el Apóstol Pablo sobrepasaba los sesenta años, ya que se encontraba al final de su primer encarcelamiento en Roma. *"y ahora, además, prisionero de Jesucristo"*. Aparte del amor que sentía, también apeló a que era prisionero de Jesucristo, tratando de esta manera de despertar en Filemón la debida simpatía por su petición.

El verbo **te ruego** (gr. parakalo) se vuelve a repetir en el versículo 10, reiterando su petición: *"por mi hijo Onésimo"*. En este sentido, usa un término afectuoso y común de Pablo para referirse a "los jóvenes" que colaboraban con él y los había ganado para Cristo (1 Tim 1:2 y Tito 1:4). El ruego, como se ve, es por un fugitivo que escapó de su amo y recorrió unos mil seiscientos kilómetros (mil millas) desde Colosas hasta Roma, la capital del Imperio Romano, en donde providencialmente se encontró con Pablo, quien lo **engendró en sus prisiones** y lo tomó como un hijo.

> Aquí ocurre un significativo juego de palabras. El vocablo "Onésimo" significa "útil" (gr. *ajreston*), también "beneficioso". Huyendo de su amo, exponiéndose a un fuerte castigo y tal vez llevándose algunas pertenencias (v.18) y caminando sin Cristo llegó a ser un inútil (gr. *eujreston*). —*"El cual en otro tiempo te fue inútil, pero ahora a ti y a mí nos es útil"*. A partir de su conversión volvió a ser *ajreston*: "útil", tanto para Pablo como para Filemón.

Onésimo, siguiendo los caminos del mundo, literalmente llegó a ser un inútil. En esta notable Epístola se ve su vida fracasada, así como su impactante restauración. Se le describe como inútil, como esclavo, como ladrón, como fugitivo y finalmente como un preso. Pero, por la gracia de Dios, ocurrió en él un ascenso, una transformación, pasando a ser hijo, hermano, empoderado por Pablo como hermano amado, un hombre útil, haciendo honor a su nombre: Onésimo, (útil, provechoso, Col 4:9).

¡Así es la sublime gracia de Dios!

1:12-18 *"El cual vuelvo a enviarte; tú, pues, recíbele como a mí mismo. ¹³Yo quisiera retenerle conmigo, para que en lugar tuyo me sirviese en mis prisiones por el evangelio; ¹⁴pero nada quise hacer sin tu consentimiento, para que tu favor no fuese como de necesidad, sino voluntario.¹⁵Porque quizá para esto se apartó de ti por algún tiempo, para que le recibieses para siempre; ¹⁶no ya como esclavo, sino como más que esclavo, como hermano amado, mayormente para mí, pero cuánto más para ti, tanto en la carne como en el Señor.*

¹⁷Así que, si me tienes por compañero, recíbele como a mí mismo. ¹⁸Y si en algo te dañó, o te debe, ponlo a mi cuenta".

Onésimo, había hecho mal al salirse de la casa de su amo, y había llegado el tiempo de corregir esa falla, por *"el cual vuelvo a enviarte"*. Pablo lo envía de regreso con un ruego más: —*"recíbelo como a mí mismo"*.

Las Biblias NTV (Nueva Traducción Viviente) y la NVI (Nueva Versión Internacional) dicen: *"te lo envío de vuelta, y con él va mi propio corazón"*.

Pablo quería que lo tratara bien, con amabilidad, no con la rigidez y frialdad de la ley romana aplicable en esa materia, por la cual a un esclavo fugitivo se le sentenciaba a la crucifixión o bien se le marcaba con un hierro y la letra F de fugitivo, en su frente. Con tal persuasión y manera de pedir las cosas. ¿Filemón se resistiría a complacer a su padre espiritual?

Mucha confianza se ganó Onésimo con Pablo, de manera que él lo quería retener para que le sirviera, colocándolo en el mismo nivel de Filemón. — *"Yo quisiera retenerlo conmigo para que en lugar tuyo* (gr. *huper*: sustitución), *me sirviese en mis prisiones por el evangelio"*.

 NOTA INTERESANTE

> La Biblia de estudio Ryre (pg. 1240) comenta: "Si Pablo lo hubiera mantenido en Roma, Onésimo podía haber reemplazado a Filemón en el servicio a Pablo. La preposición griega usada aquí, *huper*, claramente significa sustitución, como también en los pasajes que hablan de la muerte de Cristo (por ejemplo 2 Co 5:21; 1 P 3:18)".

El Apóstol Pablo no deseaba que Filemón se sintiera obligado a liberar a Onésimo, para que él lo tuviera a su servicio, —*"pero nada quise hacer sin tu consentimiento"*, Pablo no quería que fuera por **necesidad, sino voluntariamente** (gr. Jekousion) ya que los dos entendían muy bien la ética del evangelio, es decir, no ser esclavos de los hombres, sino solamente de Cristo. Todo lo que se haga por el Señor Jesucristo no debe de ser de manera forzada, debe realizarse siempre con el mayor amor cristiano.

Las apelaciones de Pablo a favor de Onésimo ante Filemón, en los versículos anteriores, fueron emocionales; pero en esta última intercesión, se dirigen más a un razonamiento fundamentado en las cláusulas de la ley de Moisés sobre la esclavitud —*"porque quizás para esto se apartó por algún tiempo, para que le recibieses para siempre"* buscando que Filemón entendiera el propósito de Dios para su pobre esclavo, originando que a su regreso lo tuviera para siempre, pero ahora por amor, ya no con una horadación en su oreja, producida por una lesna, sino por una "lesna de gratitud" (leer Deuteronomio 15:12-18).

> Pablo le regresó a Onésimo a Filemón, ya no como esclavo sino como un hermano; es decir, ya no encajaba la relación amo-esclavo, sino posiblemente, una insinuación a que lo emancipara. En este sentido la pregunta surge: ¿Cómo puede ser mi hermano y al mismo tiempo mi esclavo?, pensando Pablo, tal vez, en la concepción del Antiguo Testamento, en donde los Israelitas no podían tener permanentemente esclavos de entre sus hermanos hebreos, sino que debían ser liberados, según se establecía en Levítico 25:39-46 y Deuteronomio 15:12-18.

Debe decirse que en Colosenses 4:9, también Pablo llama a Onésimo *"amado, mayormente para mí"*. El Apóstol apreciaba mucho al esclavo y así esperaba que Filemón sintiera esa relación: *"cuánto más para ti, tanto en la carne como en el Señor.*

La Biblia NVI (Nueva Versión Internacional) traduce el versículo 16 de una forma muy conmovedora: *"Ya no como a esclavo, sino como algo mejor: como a un hermano querido, muy especial para mí, pero mucho más para ti, como persona y como hermano en el Señor"*.

 NOTA SOCIOLÓGICA

La Epístola a Filemón trata de soslayo sobre el problema de la esclavitud en el Imperio Romano. Sin embargo, esta carta es un manifiesto, un legado para la eliminación de esta cruel práctica que, en los últimos siglos, bendecidamente, llegó a proscribirse en los países del mundo. (para mayor afirmación leer la introducción).

En el tiempo actual, quedaron plasmados los sentimientos del gran Apóstol Pablo en las constituciones de muchos países de occidente. Un ejemplo de ello es la constitución o carta magna de México en la cual, en su artículo primero, párrafo cuarto, dice a la letra: "Está prohibida la esclavitud en los Estados Unidos Mexicanos. Los esclavos del extranjero que entren al territorio nacional alcanzarán, por este solo hecho, su libertad y la protección de las leyes"

La apelación de Pablo es sustitutoria y muy singular, porque coloca a Onésimo en una posición o categoría al nivel del mismo Filemón, —*"así que, si me tienes por compañero, recíbele como a mí mismo"*. En palabras parafraseadas le decía: "si soy tu socio en la predicación del evangelio trata a Onésimo como me tratarías a mí; yo sé que él es un fugitivo, no obstante, ahora es mi hijo, al igual que tú, al cual engendré en mis prisiones".

Según da a entender el texto, cuando Onésimo salió de la casa de Filemón hurtó algo de su propiedad o dañó su patrimonio por el hecho de no trabajar para él por algún tiempo. Eso ameritaba una restitución. —*"Y si en algo te dañó, o te debe, ponlo a mi cuenta"* del griego *elloga*, un término contable. Pablo como un buen negociador se ofrece a pagar cualquier pérdida que le haya ocasionado Onésimo.

 NOTA DOCTRINAL

La epístola de Filemón es un escrito personal, sin embargo, el Apóstol de los gentiles introduce conceptos teológicos:

Salvación, "lo engendré en mis prisiones" (v. 10)

Sustitución, "recíbelo como a mí mismo" (v. 17)

Imputación, "si algo te debe ponlo a mi cuenta" (v. 18)

Redención, "tú mismo te me debes" (v.19)

La petición de Pablo, de que Filemón ponga en su cuenta la deuda de Onésimo es una bella ilustración de la imputación de nuestros pecados a Cristo, con lo que Dios nos recibe por los méritos de su Hijo (2 Co 5:19-21)

Son conceptos doctrinales que expresan la incomparable Obra redentora.

1:19-22 **¹⁹*Yo Pablo lo escribo de mi mano, yo lo pagaré; por no decirte que aun tú mismo te me debes también. ²⁰Sí, hermano, tenga yo algún provecho de ti en el Señor; conforta mi corazón en el Señor. ²¹Te he escrito confiando en tu obediencia, sabiendo que harás aún más de lo que te digo. ²²Prepárame también alojamiento; porque espero que por vuestras oraciones os seré concedido.***

Pablo escribe de su propia mano un pagaré, una promesa, un contrato ciertísimo. Esta carta en términos reales era un contrato legal, la escribió de su puño y letra, en donde se comprometía a resarcir el daño causado a Filemón —*"Yo Pablo lo escribo de mi mano, yo lo pagaré"* no sin antes recordarle *"que aun tú mismo te me debes también"*. Esa deuda, era de índole espiritual, que con todo el oro del mundo Filemón no podría pagar.

La salvación de Filemón era fruto del evangelio que Pablo le predicó.

 PARA MEDITAR

> Cuánta gratitud debe existir en los creyentes, hacia "sus padres en el evangelio". Nada llena de más gozo escuchar a un redimido, diciéndole con gratitud a su evangelizador: —"usted es mi padre en el evangelio" o evangelizadora: —"usted es mi madre en el evangelio". La relación Pablo-Filemón, es un ejemplo de gratitud permanente.

Permítasele al editor general de este Comentario, una referencia personal: "— He escuchado varias veces que algunos de los queridos hermanos que se convirtieron en mi ministerio, me presentan como su "padre en el evangelio" y ante los hermanos que ellos han ganado, me presentan como "su abuelo en el evangelio". Y otro querido pastor siempre me ha presentado como "su suegro", porque su esposa se convirtió en mi predicación".

Seguro, que son expresiones que muchos predicadores y evangelizadores han escuchado también.

El ruego, motivo de la Epístola, requería una respuesta afirmativa: *"tenga yo algún provecho de ti en el Señor"*. El resultado a su petición era que Filemón aceptara a Onésimo nuevamente en su hogar, como a un hermano, y ya no como a un esclavo. Para Pablo esto sería un motivo de gran bendición. Asimismo, le solicita *"que conforte su corazón"*, Pablo sabía que Filemón tenía esta "gracia" de confortar los corazones de los hermanos, (v. 7) seguramente lo haría también con él.

El Apóstol tenía la fe de que pronto estaría en libertad, como Onésimo, y así podría visitar a sus amigos. — *"Prepárame también alojamiento; porque espero que por vuestras oraciones os seré concedido"*, añadiendo de esta manera más fuerza a su ruego original. La hospitalidad cristiana era, y sigue siendo una gran virtud. (Romanos 12:13; 1 de Timoteo 3:2). Pablo agradece de antemano las oraciones hechas a favor de él, para que como Onésimo, alcance también su pronta liberación.

Bendiciones finales, 1:23-25

²³Te saludan Epafras, mi compañero de prisiones por Cristo Jesús, ²⁴Marcos, Aristarco, Demas y Lucas, mis colaboradores. ²⁵La gracia de nuestro Señor Jesucristo sea con vuestro espíritu. Amén.

Te saluda Epafras, su nombre significa: "buen mozo", "deseable". Una buena descripción de él, se encuentra en Colosenses 1:7, 4:12-13, en este pasaje se aprecia que era consiervo amado, un fiel ministro de Cristo, un hombre de intercesión, y además que tenía gran solicitud por los de Colosas en donde radicaba Filemón. Si hubiera que añadir algo más a sus características, Pablo también lo ubica como **mi compañero de prisiones por Cristo Jesús.**

En el saludo final, Pablo menciona a **Marcos,** aquel que un día provocó discordia entre él y Bernabé en su primer viaje misionero cuando los abandonó y Pablo ya no quiso incluirlo en su equipo, pero que ahora era un útil colaborador y desde luego distinguido escritor del evangelio que lleva su nombre. (Hechos 13:13; 15:36-41). Se destaca en la lista a **Aristarco,** convertido por Pablo en Tesalónica, y quien lo acompaño en sus viajes misioneros. (Hechos 20:4; 27:2, Colosenses 4:2).

También menciona a **Demas,** el que más tarde se alejó de los caminos del Señor, amando a este mundo. (2 Timoteo 4:11). Y **Lucas,** el médico amado, doctor de profesión, escritor del histórico y didáctico Evangelio que lleva su nombre y del Libro de los Hechos. Siempre fiel hasta el final. (2 Timoteo 4:11).

Pablo desea para Filemón y su familia toda la gracia que Cristo trajo por medio de su muerte, resurrección y ascensión al trono de Dios: *La gracia de nuestro Señor Jesucristo sea con vuestro espíritu. Amén.*

PRIMERA EPÍSTOLA DE PABLO A TIMOTEO

 INTRODUCCIÓN

1. ¿A quiénes se les llamaba judaizantes?

2. Enliste algunas de las regulaciones que se necesitaron en tiempos de Timoteo, y que se necesitan hoy para la buena marcha de la iglesia.

CAPÍTULO 1

1. Haga un análisis en sus propias palabras de los 3 conceptos que Pablo usa en su saludo: *gracia, misericordia y paz.*

2. Dibuje un pequeño mapa en donde se ubique a Listra, la ciudad de Timoteo.

3. Se mencionan algunas desviaciones en 1:5-7. ¿cuáles textos han sacado de contexto los grupos mencionados en "para meditar".

4. Precise lo que de lo mencionado en *"la ley buena"* se debe guardar hoy y aquello que ya no es vigente.

5. ¿Qué asuntos pudieran mencionarse hoy bajo el título *"todo lo que se oponga a la sana doctrina"*?

6. ¿Cómo usa Pablo la palabra "gracia" aplicada a sí mismo, en relación con su pasado?

7. Pablo, persiguiendo a los cristianos, recibió la visita de Jesús camino a la ciudad de Damasco. Por extensión, ¿a qué se le llama encontrar a Cristo hoy, "camino a Damasco"?

8. Escriba de nuevo la doxología en la que el Apóstol prorrumpe en adoración y lea también los textos en donde se encuentran las otras.

9. ¿Qué se puede entender por la expresión: las armas de nuestra milicia?

10. Enliste algunas malas conductas de hoy, que pudieran quedar bajo el rubro *"se iban tras dioses ajenos"*.

11. ¿Qué piensa sobre la forma como nuestro comentario explica la expresión "entregar a satanás"?

CAPÍTULO 2

1. ¿Qué pudiera hacerse para que en el lugar donde usted vive se realice una reunión anual para orar por los gobernantes?

2. ¿Qué piensa sobre lo dicho en la nota doctrinal sobre la voluntad perfecta y la voluntad permisiva de Dios?

3. Diga en sus propias palabras lo que entiende sobre la personalidad singular de Cristo (la unión hipostática del Verbo) siendo Dios y siendo hombre, como la presenta Pablo en 2:5, 6.

4. ¿Hasta este momento en su vida, cómo definiría lo extenso de su llamado, o específicamente en qué área?

5. La acción de "levantar las manos" ha disminuido un poco en las iglesias, ¿es algo que se debe restituir o practicar?

6. Un tema muy comentado en nuestra época es el del atavío de las mujeres, ¿en el entorno de su iglesia o de su comunidad sigue siendo así?

7. ¿Qué piensa sobre lo que se dice en el Comentario sobre que "la mujer aprenda en silencio"?

8. ¿Y qué sobre lo que dijo el Apóstol de que la mujer no debe enseñar?

9. ¿Y también de que la mujer no ejerza dominio sobre el hombre?

CAPÍTULO 3

1. Si alguno "desea" obispado/pastorado, ¿qué más debe hacer aparte de lo dicho en la página inicial del capítulo, considerando el tiempo actual?

2. ¿Qué más pudiera entenderse sobre la indicación del Apóstol, o qué situaciones irregulares se evitan al marcar al obispo: *"marido de una sola mujer"*?

3. Amplíe lo más posible el requisito señalado al pastor: *"apto para enseñar"*.

4. ¿Piensa que en el mundo pentecostal todavía se respeta el requisito: *"no dado al vino"*?

5. Mencione en pocas palabras su opinión sobre "porque raíz de todos los males es el amor al dinero", comparándolo con el deseo de ser prósperos y tener suficiente dinero.

6. ¿En la época actual se ha hecho más difícil lograr que los hijos de los obispos/pastores/diáconos cumplan con lo dicho en 3:4,5?

7. ¿Qué edad mínima y qué estudios debiera tener un creyente para ser considerado ser pastor de una iglesia?

8. ¿Qué diferencias se pudieran encontrar entre el requisito *"no dado al vino"* señalado al obispo y *"no dado al mucho vino"* señalado a los diáconos?

9. ¿Le ayuda la lista de los requisitos que deben tener los diáconos y diaconisas cuando se nombran esos oficiales en su iglesia?

10. ¿Pudiera mencionar las asignaciones que se le dan a las mujeres diaconisas en su iglesia?

11. ¿Le gustaría predicar un mensaje sobre los hermosos puntos mencionados en el 3:16?

CAPÍTULO 4

1. El Comentario, analiza muchas situaciones relacionadas con lo mencionado en los versículos 1 al 4. Señale con amplitud tres situaciones que se dan en la iglesia hoy en día.

2. ¿Qué se entiende por "apostatar de la fe"?

3. ¿Cómo considera "la prohibición de no casarse" que se aprobó para los clérigos desde los primeros siglos? Sustente lo correcto con lo que la Biblia enseña.

4. ¿Qué piensa sobre la declaración: *"el ejercicio corporal para poco es provechoso"*? Apóyese en las notas el Comentario.

5. ¿Le parece que actualmente los creyentes sufren oprobios al declararse como creyentes, y más cuando comparten su fe?

6. ¿Le gustaría predicar a los jóvenes con este preciso bosquejo en 4:12?

7. ¿En cual de estas tres instrucciones o ministerios del 4:13, se siente más cómodo(a)?

8. ¿El ministerio profético serio es reconocido dentro del mundo pentecostal, ¿cuál es su experiencia?

9. ¿Algún presbítero o pastor puso sus manos sobre usted en el altar cuando fue nombrado para algún cargo? ¿Recibió algún don como le ocurrió a Timoteo?

10. ¿Le gustaría dar un pensamiento, no solo a un grupo de jóvenes, sino a toda la iglesia sobre los textos 15 y 16?

CAPÍTULO 5

1. ¿Ha tenido alguna experiencia sobre una reprensión, ya sea dándola o recibiéndola? ¿Y cuáles han sido los efectos?

2. ¿Alguna experiencia observada o personal, respecto a lo dicho en 5:2?

3. ¿En cuanto a la ayuda o servicio a las viudas, ya sea personal, de alguna iglesia o de alguna institución, cuál es su observación?

4. Comentando 5:11-13, ¿se pudiera decir que en el contexto de nuestras iglesias, en dónde se convive menos o se visitan menos unos a otros, se da el caso de viudas chismosas o entrometidas?

5. ¿Es consciente de que la iglesia debe hacer todo lo que esté a su alcance para que los pastores puedan dedicarse de tiempo completo, (si es que son bivocacionales) con un sostenimiento digno? ¿Qué pudiera hacer para que así sea?

6. Estudie los textos que se recomiendan en el comentario a 5:19,20, para tratar los asuntos acusatorios o de alguna rebeldía. (Tito 3:10,11).

7. ¿Cuándo se nombra a algún hermano para alguna posición en la iglesia, recomendaría que se leyera lo dicho en el 5:19?

8. Una explicación y un recordatorio para todos en 5:23. ¿Cuál es su opinión?

CAPÍTULO 6

1. Escriba una reflexión sobre el detestable tema de la esclavitud, tanto como se menciona en el AT como en el NT.

2. Hoy en día se usa mucho, al despedirse, ¡Qué tengas un buen día! o ¡Feliz tarde! En lugar de decir: ¡Dios te bendiga!, así también, ya poco se dice: "hermano (a)", como era la costumbre. ¿Qué piensa sobre eso?

3. Esta Epístola de Pablo y también las restantes, llamadas pastorales, como en esta sección 6:3-10, ofrecen enseñanzas sobre actitudes que no deben darse entre creyentes, ¿creen que son útiles hoy en día?, resalte algunas por favor.

4. ¿Qué piensa sobre lo que se dice en "Para meditar"?

5. Ya en el capítulo 3, Pablo mencionó el amor al dinero como raíz de todos los males, aquí agrega algo más, resáltelo por favor.

6. ¿Le parece que el consejo del Apóstol diciendo: *"huye de estas cosas"*, resalta lo dañino de la codicia? ¿Y que lo que ofrece en los versículos 11 y 12, es un perfecto antídoto? Mencione tres recursos que le pueden ayudar.

7. ¿Cuánto enfatiza en sus pláticas o en sus enseñanzas lo dicho en 6:14, sobre *"la aparición de nuestro Señor Jesucristo"*?

8. ¿Cómo le llama Asambleas de Dios a esta doctrina?

9. ¿Cómo debe entenderse la aseveración de Pablo sobre: "la falsamente llamada ciencia"?

SEGUNDA EPÍSTOLA DE PABLO A TIMOTEO

 INTRODUCCIÓN

1. ¿De los dos títulos mencionados para estas epístolas, cuál le gusta más y por qué?

2. Cuando "se pasa la antorcha entres dos generaciones, ¿Qué importancia tienen las recomendaciones?

3. De las exhortaciones que se enlistan, anote las 5 que le parezcan más importantes.

4. ¿Qué versículo clave del capítulo 4, falta en esta lista de textos?

CAPÍTULO 1

1. En pocas palabras, escriba la diferencia entre "gracia" y "gracias" como lo menciona el Apóstol.

2. ¿Qué relatos ha escuchado o leído sobre la conversión de judíos al cristianismo como el caso de la mamá y abuela de Timoteo?

3. ¿Cómo precisaría la petición que Pablo hizo Timoteo de *"que avives el fuego del don de Dios que está en ti"*?

4. Basado en su propia experiencia o la de otros, ¿que piensa sobre el acto de imponer las manos sobre otro creyente para que ocurra algo especial en su vida?

5. ¿Qué diferencia nota entre las palabras "espíritu" y "Espíritu"?

6. La expresión *"llamamiento santo"* de 1:9, ¿se aplica solo a los ministros?

7. Amplíe el concepto de 1:10, *"el cual quitó la muerte"*:

8. ¿Qué tan fuerte es en usted la convicción: *"Yo sé en quien he creído"*?

9. ¿Qué trascendencia tendría si esos dos hermanos desertores, no dejaron de ser creyentes?

10. ¿Le parece que el ministerio a las cárceles se fomenta hoy en día?

CAPÍTULO 2

1. ¿Cómo ha reaccionado cuando algún creyente le dice hijo hija, al estilo de Pablo?

2. Ejemplifique con alguna familia conocida o histórica, los 4 niveles de conversión que se perciben en el 2:2. Un tip: Timoteo representa el segundo nivel.

3. Ilustre con algún creyente de quien tenga referencia, a alguno de los tres personajes mencionado en 2:3-7

4. ¿En su familia o en hermanos conocidos les ha tocado *"sufrir penalidades por el evangelio"*?

5. ¿Cómo apela a sus sentimientos lo dicho en la nota histórica?

6. ¿Ha leído sobre algún creyente conocido, que haya sufrido cárcel por predicar el evangelio?

7. ¿Le aplicaría a algún estudiante de la Palabra, la recomendación paulina del 2:15?

8. *"Profanas y vanas palabrerías"*, ¿podría referirse a chistes de doble sentido, a malas palabras que no son tan malas, a leer libros perversos, o a ver películas indebidas?

9. ¿Qué enseñanza doctrinal semejante a *"la resurrección ya se efectuó"* ha escuchado, y que le haya "trastornado su fe"?

10. ¿Se ha tenido que "apartar de iniquidad" alguna vez, como recomienda el 2:19?

11. ¿Cómo entiende la recomendación *"huye"*, refiriéndose a las tentaciones sexuales o pasiones juveniles?

12. ¿Le ha tocado vivir la experiencia de ser "un siervo no contencioso" y ha visto el fruto?

CAPÍTULO 3

1. ¿Ha encontrado en su trabajo personas con las características mencionadas en 3: 2-5?

2. ¿Los ha encontrado en la iglesia, pues se menciona *"que tendrán apariencia de piedad, pero negarán la eficacia de ella"*?

3. ¿Cuáles de la lista de adjetivos o características de las personas, se pudieran encontrar en asistentes a la iglesia?

4. ¿Hay algo que basado (a) en su experiencia, sobre la vida de algunas mujeres asistentes a las iglesias, se pudiera hacer para evitar situaciones bochornosas?

5. Qué opinión le merece lo que el Comentario ofrece sobre la actividad de Janes y Jambres?

6. Marque 5 características positivas que usted cree tener de las que Pablo reconoce en Timoteo.

7. Por favor repase y repase 2 Timoteo 3:16, 17 hasta que lo pueda decir fluidamente.

CAPÍTULO 4

1. Pablo insta a Timoteo a predicar con un permanente sentido de urgencia. ¿Qué actitud debiera prevalecer en nuestro tiempo?

2. Haga una lista de las personas a quién le pediría usted que cumpla con las cuatro órdenes dadas a Timoteo en el 4:2.

3. Busque todos los posibles significados para el término "concupiscencia".

4. ¿A quiénes se les llama cesacionistas y a quienes continuistas?

5. Busque todos los significados para el término "sobrio".

6. Enliste los temas que usted considera que incomodan a los creyentes en su iglesia.

7. Comente la expresión *"he peleado la buena batalla"* en la vida de alguna persona que conozca.

8. Igualmente, con: *"he acabado la carrera, he guardado la fe"*.

9. ¿Pudiera utilizar el tema de "las coronas" para dar un pensamiento a un grupo de jóvenes en su iglesia?

10. Analice la personalidad de Demas y de Alejandro.

11. Un especial pensamiento sobre el doctor Lucas.

12. ¿Cómo le desafía la vida de Marcos?

13. Escriba una nota interesante sobre la vida ejemplar de Aquila y Priscila.

PRIMERA EPÍSTOLA DE PABLO A TITO

 INTRODUCCIÓN:

1. El apóstol Pablo le confió a Tito varias misiones importantes. Haga el favor de mencionarlas.

2. Amplíe la afirmación de M. Lutero llamando a la Epístola: "la quintaesencia de la doctrina cristiana".

3. Anote las dos cartas a Timoteo y la carta Tito, en el orden cronológico en que fueron escritas.

4. Tito fue testigo en Jerusalén de las importantes decisiones que el Concilio tomó. Aprobaron 4 requisitos que los cristianos debían cumplir. Eso no incluyó: la_____.

5. ¿Cuál fue la principal tarea que el Apóstol Pablo encomendó a Tito para cumplir en la isla de Creta?

6. Precise los tres enfoques principales que Pablo fijó en su Carta a Tito.

CAPÍTULO 1

1. Detalle las importantes misiones a las que Pablo envió a Tito. El Apóstol lo menciona 13 veces en sus Epístolas. Escriba algunas citas.

2. ¿Observa alguna diferencia entre las listas de 1 Ti 3:1-13 y la de Tito 1:5-9 en cuanto al trabajo de los pastores/ancianos/obispos?

3. En 1:5,6 se observa un principio importante de las cartas pastorales. ¿Se centra específicamente en quién?

4. ¿Qué piensa sobre la nota doctrinal, en la que se menciona a los ancianos, pastores y obispos?

5. Comente algunas de las características del obispo/anciano/pastor pensando en un pastor del que usted tenga referencia.

    a. Irreprensible.

    b. Que tenga hijos creyentes.

    c. No soberbio, no iracundo, no pendenciero.

    d. Amante de lo bueno, sobrio, justo, santo.

    e. Retenedor de la palabra fiel.

6. Una lo dicho en los versículos 10 al 14, destacando lo que la iglesia primitiva tuvo que enfrentar.

7. ¿Puede pensar en algunos creyentes que siempre tratan de ver lo bueno en todas las situaciones y tristemente en algunos que son lo contrario, es decir que siempre o casi siempre ven lo negativo?

8. Escriba con su propia letra, en su cuaderno de notas, el versículo 1:15 y esfuércese por memorizarlo.

CAPÍTULO 2

1. Amplíe el concepto "enseñanza de la sana doctrina" (2:1) ya sea como un final a lo dicho en el capítulo 1, o refiriéndose a toda la Epístola.

2. ¿Pudiera usar los adjetivos que aparecen en el 2:2 para un varón de edad mayor que usted conozca?

3. ¿Y también los versículos 3 al 5, a una hermana mayor?

4. ¿Igualmente aplicar los versículos 9 y 10 a un creyente joven?

5. La recomendación dada a los esclavos cristianos, en los versículos 9 y 10, ¿pudiera darla a algún familiar cristiano para que la viva en su trabajo?

6. Los versículos 11 al 14 son un repaso doctrinal para el supervisor Tito (de ancianos/pastores/obispos) que debería tener presente. Dos, son de carácter doctrinal, menciónelos por favor.

7. Comente la expresión "celoso de buenas obras" en relación con la salvación.

8. Precise las diferencias entre "habla, exhorta, reprende" referentes a la vida de la iglesia.

CAPÍTULO 3

1. ¿Cuál ha sido su experiencia sobre la sujeción de los creyentes a las autoridades? ¿Recuerda algún momento en que han manifestado su opinión sobre alguna acción de la autoridad a nivel local o nacional?

2. ¿Con qué tipo de acciones los creyentes mostrarían su disposición para *"estar dispuestos a toda buena obra"*?

3. En las "notas sociológicas" se muestran ejemplos de cómo se puede formar la conciencia de ser un buen ciudadano, ¿cree que en cada iglesia se pudiera promover una formación de ese tipo? ¿qué pasaría a nivel nacional?

4. ¿Puede hacer un repaso a la lista de características negativas de los cristianos antes de ser salvos? Anote por favor las citas en seguida.

5. ¿A que otros pasajes, tanto del AT como del NT, uniría lo dicho en los versículos 5 al 7?

6. Resalte, en sus palabras, lo dicho en el párrafo "para meditar", sobre la obra del Espíritu Santo.

7. ¿Tiene alguna experiencia o información sobre creyentes que se han hecho "cristianos mesiánicos"?

8. ¿Qué tipo de discusiones se dan hoy en día en las iglesias o en las reuniones ministeriales que pudieran caer bajo lo dicho en el versículo nueve (9)?

9. ¿Le ha tocado en alguna ocasión participar o presenciar, que en su iglesia o en alguna conocida, se den los pasos mencionados en el comentario para tratar el problema de alguien?

10. ¿Observa la importancia de contar con directivos que puedan decidir cuando es necesario relevar o sustituir a algún líder?

11. Igualmente, ¿reconoce la importancia de directivos dando instrucciones a las iglesias y líderes, sobre cómo enfrentar y corregir los problemas que surjan?

12. Escriba una breve biografía sobre el eminente Apolos, tomando datos de lo que se dice sobre él en el NT.

13. Haga una breve evaluación de lo dicho hasta ahora en las "Cartas Apostólicas o Pastorales" sobre la condición de la iglesia actual.

EPÍSTOLA DE PABLO A FILEMÓN

 INTRODUCCIÓN

1. ¿Cuáles son las 4 epístolas llamadas "Cartas de la Prisión" y cuáles las 4 "Cartas Pastorales o Apostólicas"?

2. Investigue las fechas de los 2 encarcelamientos de Pablo y lo que pudo haber hecho o escrito entre los dos eventos.

3. Sintetice lo dicho sobre el nefasto tema de la esclavitud ocurrida en tiempos pasados y recientes.

EPÍSTOLA A FILEMÓN

1. ¿Aceptaría usted llamarse también como Pablo: *"prisionero (a) de Jesucristo"*?

2. ¿Conoce alguna iglesia que comenzó en una casa y ya tiene su templo? Es interesante saber, para fines de compartirlo con otros que quieran establecer iglesias, ¿Por cuánto tiempo estuvo allí?

3. Fundamente el saludo paulino de "gracia y paz", mencionado en esta Epístola y en las otras del mismo autor.

PREGUNTAS DE REAFIRMACIÓN   173

4. ¿Pudiera mencionar a algún hermano(a) por quien se pudiera prorrumpir en alabanzas de agradecimiento a Dios, cómo ocurrió con Filemón?

5. ¿Se puede aprovechar la "paternidad espiritual" para pedir obediencia y servicio en el trabajo del Señor? ¿Cómo ruego y no como mandato?

6. Mencione en sus propias palabras el juego de palabras sobre "Onésimo".

7. ¿Cómo le gusta la traducción de las Biblias NTV y la NVI de *"recíbelo como a mí mismo?*

8. Analice lo dicho en Levítico 29:39-46 y Deuteronomio 15: 12-18 sobre la forma de liberar un esclavo hebreo.

9. Enliste la manera en que un esclavo llegaba a ser "un liberto" mencionado en la introducción.

10. Encuentre breves definiciones para los términos "sustitución", "imputación" y "redención".

11. ¿Usted o algún familiar o tal vez un hermano de la iglesia, han tenido la oportunidad de hospedar a algún visitante cristiano? ¿Cuál ha sido la experiencia?

12. Marcos, el autor del evangelio que lleva su nombre, es un gran ejemplo de la obra formativa del Señor, que puede llevarse varios años. ¿Puede mencionar algunos datos de su juventud?

13. ¿Y que puede comentar sobre el doctor Lucas, el autor incomparable de dos libros, *"el médico amado"*?

www.ingramcontent.com/pod-product-compliance
Lightning Source LLC
Chambersburg PA
CBHW081448070526
44586CB00019B/2264